走进企业财务部 | 会计实训系列丛书

一本真账搞定财税365 II

单兴波 / 主编

中国市场出版社
China Market Press
·北京·

图书在版编目（CIP）数据

一本真账搞定财税 365.2/单兴波主编. 一北京：中国市场出版社，2016.12

（走进企业财务部·会计实训系列丛书）

ISBN 978-7-5092-1534-0

Ⅰ. ①一… Ⅱ. ①单… Ⅲ. ①企业管理-财务管理 Ⅳ. ①F275

中国版本图书馆 CIP 数据核字（2016）第 288126 号

一本真账搞定财税 365（2）

YI BEN ZHENZHANG GAODING CAISHUI 365（2）

主　　编：单兴波

责任编辑：宋　涛（zhixuanjingpin@163.com）

出版发行：中国市场出版社

社　　址：北京市西城区月坛北小街 2 号院 3 号楼（100837）

电　　话：（010）68034118/68021338/68022950/68020336

经　　销：新华书店

印　　刷：河北鑫宏源印刷包装有限责任公司

规　　格：210mm×285mm　16 开本

印　　张：24.25　　**字　　数：**180 千字

版　　次：2016 年 12 月第 1 版　　**印　　次：**2017 年 2 月第 2 次印刷

书　　号：ISBN 978-7-5092-1534-0

定　　价：39.80 元

单兴波

工商管理硕士，注册税务师。
大连市明基教育培训学校执行董事，
大连明基税务师事务所有限公司所长。
中国注册税务师协会 100 名专家库成员，
东北财经大学税务专业硕士指导教师，
大连交通大学特聘客座教授，
沈阳市国税局和大连市国税局特聘教师。

长年在全国多地讲授会计和税收知识。
为多家公司提供了企业会计和税收知识的内部培训。
为多家上市公司做税务顾问。曾服务过大连华锐、大连电磁集团、铁龙物流、
中国银行辽宁省分行、大连银行、广发银行等多家上市公司及金融机构。
成功为某集团节税 1.26 亿元。

不是在学习，就是在旅行。

【个人宣言】

做税务行业里走得最远的人，做行者中税务讲得最好的人。
边走边学，边走边讲，一直在路上！

邮箱：shanxingbo@126.com

《一本真账搞定财税 365》

编委会

主　编：单兴波

编　委：单兴波　崔海燕　李　硕

武保华　席俊义

序言

Daily Accounting and Taxation

我是一个来自实战前沿的财税人。1997年7月至2003年6月，我曾经在当时的北京市物资贸易学校担任过6年的会计教师，现在这个学校依然存在，只是重组为北京市商务科技学校。在学校期间，我带过学生的基础会计、财务会计、税务会计、银行会计、政府与事业单位会计、财会实务模拟等一系列课程。那时候，北京市的会计从业人员要考会计证（也就是会计从业资格证书），考生要做一套大的综合性实务模拟考题，考试内容涉及整理原始凭证、编制记账凭证、登记账簿、编制会计报表这样一整套实训内容。凭心而论，这样的考试是非常不容易的。那时，班里的同学都是全身心地投入到实务模拟之中。直到今天我还记得，当时我的同事吴彦秋、李卫星、赵仲、石新建、李连庆、张祖辉都是一门心思放在实操教学上，我们甚至为此还专门注册了一家会计咨询公司，以强化这方面的专业实践。

说了这么多，这些回忆到底跟单兴波老师的新书有什么关系呢？我觉得内在的渊源其实是非常深厚的。当年在教学期间，我们就一直在摸索实践性教学。如果说财会实务模拟已经强化了会计实战，但毕竟有其局限性，这个局限就是囿于强调会计操作本身，单纯强调会计技能。我们发现，很多中小企业对财务人员的要求是一专多能，不仅要能记账能算账，会报税会筹划，还要知道如何进行工商登记、如何办理社会保险和住房公积金，更要懂管理搞融资。因此，我们一直想编一本更加系统化、业务化、实战化的教科书。后来，我因事业发展离开了财会教学队伍，这些想法就慢慢搁浅了。但是在税务师事务所这个新的行业工作中，我又发现一些行业新兵、所里的新同事其实也非常需要这种纯粹实务化的辅导材料。一个企业一年的365天，每时每刻是如何运转的，资金是如何流动的，各类税收是如何产生、如何计算和确认的，账务是如何处理的，都需要一本贴心的辅导读物来讲解。

我一直很钦佩单兴波老师，特别喜欢她豁达的性格和不畏困难的实践精神。可以说，一看到单老师发来的书稿，我就感觉非常亲切，读着读着就仿佛又回到了我在中专学校当老师的悠悠岁月。那段青春年华虽然早已逝去，但会计实践的火种却被传承下来。单兴波老师的新书，就是一本写真化的会计实践手册，所有的资料、案例、文档全部取材于实际工作，看一遍全书你会发现，自己从头到尾经历了一个企业的完整业务；一个一个流程模拟下来，你会感觉自己已然走过了入职第一年的“新手”忐忑期。

南宋伟大的爱国主义诗人陆游曾经写过一首教子诗——《冬夜读书示子聿》，其中脍炙人口的佳句就是“纸上得来终觉浅，绝知此事要躬行”。诗人谈到获取知识时特别强调“要躬行”，不能纸上谈兵。这种感悟不单是一代大诗人冬夜读书的体会，更是其勤奋学习的经验总结。当然，我们现在大中专学校的会计毕业生，乃至更高的硕士博士研究生，未必有那么多的机会去实践，即使是实践也难以经历“辣么”系统化的磨砺。在这种情况下，如果能够潜心于单兴波老师的教材中，其实就像现在流行的 VR 一样，就是一个活生生的“躬行”过程。

写这篇序言的时候，我正准备飞往昆明，次日需要给云南世博旅游集团做一场营改增实务培训。接受培训的单位给我发来很多学员在实际工作中遇到的问题。这些问题其实都是活生生的教学案例，将来我们也应该将其整理成册，为财税实战大课堂添砖加瓦。

北京中翰联合税务师事务所合伙人
中国财税浪子王骏
2016 年 7 月于北京

前 言

Daily Accounting and Taxation

小明，对，就是那个从小学开始就一直挂在老师嘴边的好学生小明，大学毕业了。刚进公司的小明踌躇满志，那印着公司 LOGO 的咖啡杯看上去就像今后的日子一样美好。第三天，幸运的小明见到了传说中的男神，董事长周先生。周董递给小明一张汽车修理费发票。激动的小明接过后马上懵了，喃喃自语道："抬头是个人名字，不能……"是啊，学校里学的"报销凭证应该是公司的名字"嘛。没等董事长说话，一旁的财务主管化解了尴尬：小明，计入董事长的工薪所得。

这样的桥段对于财会专业的毕业生来说并不鲜见。刚刚走出象牙塔的他们，理论功底确实不错，这也是高校教育的成功之处。但一进入实操阶段，很快就会感到力不从心。再加上财税政策原本就一再更新，2016 年 5 月 1 日全面"营改增"之后，税收应用更是发生了很大变化。于是，加大财会实训课力度、优化实训课内容的需求越来越迫切。

走进企业财务部·会计实训系列丛书试图打造真正有用的财务实训课程。把学生领进企业财务部，手把手做一遍全年 365 天的每一项业务，就像真的在企业工作了一年一样。等到真正毕业入职时，或许别人用来加班的时间，你完全可以悠哉地品咖啡。若有人讨教秘籍，务必请别吝啬——

1．绝对真实的企业账本

书中所有的原始凭证、记账凭证、财务报表都是真实的。读者沿裁切线撕下来，装订成册，就是一本真正的财务账本。企业一年的全部业务，财务实干专家手把手教你做一遍。学习完毕，读者绝对有理由珍藏——人生中第一本全真账本，职场生涯最初阶段的案头书。

2．企业 365 天的所有业务

丛书从一个企业的成立讲起，对其进行连续 365 天 360°无死角的展示。由于跨越了会计年度，相当于讲解了企业两个工作年度的所有业务。包括年终结账并报表，以及企业所得税汇算全有涉猎。读者像是全能选手一样，从出纳、会计升到财务主管，把一整套企业财务业务流程全部体验一回。整套丛书将每个行业每两个月的真实账本编制成一本教材，全年共6本。

3．精选多行业企业代表

丛书覆盖工业企业、房地产业、物流业、商贸企业、建筑业等多行业。每个行业选取最具有代表性的企业，以账本的形式，详细解读企业从设立、筹建、采购、投入、生产到销售等各项工作。无论你要进入哪个行当，轻松帮你搞定企业连续365天跨年的所有会计和税务处理。

4．最新的实务干货

首先，这套丛书选取的业务都是"营改增"之后的，遵从的税收政策新。其次，全套书囊括了365天的连续业务，时时更新。企业每天都会紧跟现行政策走，读者在学习的过程中，移步换景，掌握的都是最新的实务干货。

5．零基础平趟财务部

本丛书已被指定为明基教育会计实战网络课程的配套教材。网络课程中，实务专家对书中每项业务的知识点进行了深度讲解，结合电算化教学，手把手帮助学生完成经济业务分析、制作会计凭证、录入电脑、月底结账、做会计报表、税务报表和企业报表一整套企业财务流程，让学生身临其境地在企业财务部"工作"了365天。不论你基础如何，起点在哪里，只要掌握了书中内容，就可以在入职后淡定地行走在财务部。

《一本真账搞定财税365（2）》重点针对的是工业企业，适用范围比较广。全书以一家北京的设备制造有限公司为例，先是简要介绍了公司的背景，包括企业概况、企业会计制度、公司章程等。重点列示了该公司2016年7月份的全部业务及财务会计报表、税务报表等。其详细程度包含购买办公用品、申请出差备用金、摊销租金、缴纳职工基本社会保险费、报销差旅费，等等。

这套书最适合高校财税专业的学生。学好它们，日后无论走进哪家财务部，你都无比自信。

由此也真诚地把这套书推荐给高校财税专业的老师。建议您换换实训教材，让教学更有趣更有用，您会收获更多的"学粉"。

还有那些有志于从事财务会计工作的自学者，这套书是你最实用的临摹、起步工具书。

最后要关爱的是职场的财务"新人"。如果你正深陷无穷无尽的加班仍旧漏洞百出，看看这套书吧，它能帮你理清头绪。

扫描封底二维码，网络课程会提速你的进步。

现实中，企业业务复杂多变，其真实账务必然有误。本书为了真实呈现企业原貌，原汁原味地反映企业的真实账本，故纰漏之处也未加处理。但在网络课程中，将对所有纰漏之处进行分析讲解。

囿于时间、经验以及编者水平，书中难免存在疏漏与错误，恳请读者批评指正。读者如有更好的建议，请与我们联系，谨表谢意。

编者

2016年8月

Daily 目录 Accounting and Taxation

Daily

Accounting and Taxation

第一篇

企业背景资料

- 公司成立流程图
- 企业概况
- 企业会计制度
- 公司章程
- 环境评估报告
- 开户许可证
- 营业执照

一、公司成立流程图

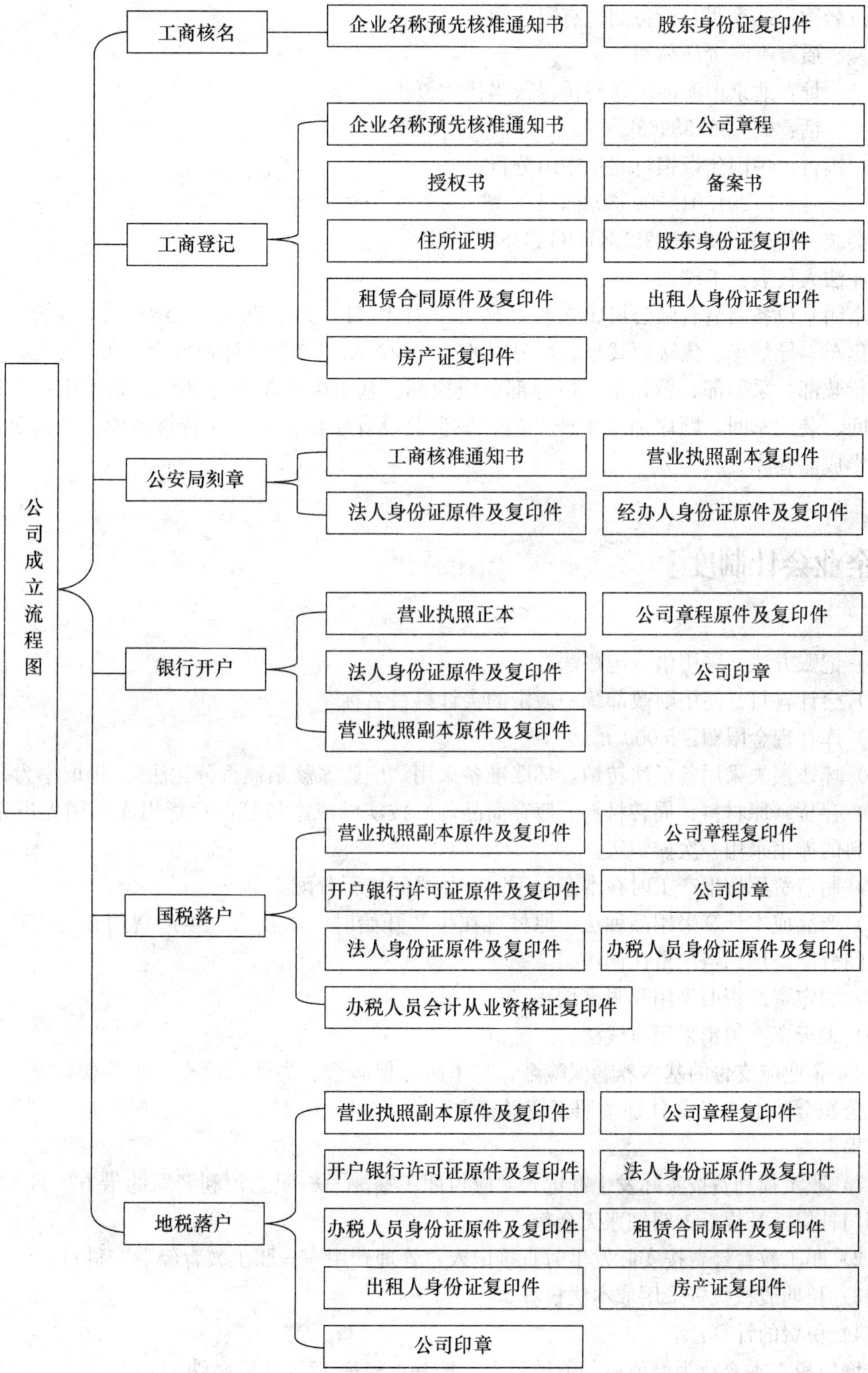
公司成立流程图
工商核名
企业名称预先核准通知书
股东身份证复印件
工商登记
企业名称预先核准通知书
公司章程
授权书
备案书
住所证明
股东身份证复印件
租赁合同原件及复印件
出租人身份证复印件
房产证复印件
公安局刻章
工商核准通知书
营业执照副本复印件
法人身份证原件及复印件
经办人身份证原件及复印件
银行开户
营业执照正本
公司章程原件及复印件
法人身份证原件及复印件
公司印章
营业执照副本原件及复印件
国税落户
营业执照副本原件及复印件
公司章程复印件
开户银行许可证原件及复印件
公司印章
法人身份证原件及复印件
办税人员身份证原件及复印件
办税人员会计从业资格证复印件
地税落户
营业执照副本原件及复印件
公司章程复印件
开户银行许可证原件及复印件
法人身份证原件及复印件
办税人员身份证原件及复印件
租赁合同原件及复印件
出租人身份证复印件
房产证复印件
公司印章

二、企业概况

单位名称：北京明基设备制造有限公司

性　　质：有限责任公司

地　　址：北京市海淀区联想桥青云当代大厦 4-1

电　　话：010-36538963

开户银行：中国建设银行北京中山分行

账　　号：21201501200053025041

社会统一代码：65896325LKJHGYU56

企业法人代表：王珊珊

北京明基设备制造有限公司成立于 2016 年 4 月 18 日，是增值税一般纳税人，主要生产电机车、熄焦车、导烟车、焦罐运载车、炉门服务车五种产品。该企业注册资金 5 000 万元，设有公司人事行政部、采购部、营销部、财务部、质检部、基本生产车间等部门。基本生产车间下设加工车间、装配车间，顺序加工生产产品。该企业设有原材料库、周转材料库、产成品库，不设自制半成品仓库。

三、企业会计制度

（1）记账方法：采用借贷记账法

（2）会计科目：使用财政部统一规定的会计科目名称。

（3）库存现金限额：5 000 元。

（4）坏账损失采用备抵法转销，坏账准备采用“应收账款余额百分比法”，提取率为 3‰。

（5）存货（原材料、周转材料、库存商品等）按实际成本核算，存货出库采用先进先出法。周转材料的摊销采用一次摊销法。

（6）制造费用按生产工时在本车间不同产品之间进行分配。

（7）产品成本计算采用品种法，原材料在生产开始时一次投入。生产费用在完工产品和在产品之间分配采用约当产量比例法。

（8）固定资产折旧采用年限平均法。

（9）无形资产摊销采用直线法。

（10）企业应支付的基本养老保险金、基本医疗保险金、失业保险金、工伤保险金、生育保险金、公积金、工会经费分别按照工资总额 19%、10%、0.3%、0.3%、0.8%、12%、2%的比例计提。

（11）职工福利费按实际发生额记入“应付职工薪酬——职工福利费”的借方，月末按人员所属部门补提。补提后该明细账无余额。

（12）职工教育经费按实际发生时直接记入“管理费用——职工教育经费”科目。

（13）长期股权投资采用成本法核算。

（14）税费的计算：

①增值税：本企业为增值税一般纳税人，按基本税率 17%计算缴纳。

②城市维护建设税：按增值税的 7%计算缴纳。

③教育费附加：按增值税的3%计算缴纳。

④地方教育费附加：按增值税的2%计算缴纳。

⑤企业所得税：按应纳税所得额的25%计算缴纳。税法规定按季预缴，年终汇算清缴。

（15）该企业采用“账结法”计算每月利润总额和净利润。

（16）利润分配比例：

①法定盈余公积：按净利润的10%计提。

②任意盈余公积：按净利润的5%计提。

③投资者利润分配：计提盈余公积后所剩利润的50%按投资者出资比例分配。

四、公司章程

一、总　　则

第一条　依据《中华人民共和国公司法》、《中华人民共和国公司登记管理条例》及有关法律、法规的规定，制定本公司章程。本公司章程对公司股东、董事、监事、经理均具有约束力。

第二条　公司经公司登记机关核准登记并领取法人营业执照后即告成立。

二、公司名称和住所

第三条　公司名称：北京明基设备制造有限公司。

第四条　公司住所：北京市海淀区联想桥青云当代大厦4-1。

三、公司的经营范围

第五条　公司的经营范围：冶金、矿山设备设计、制造、安装、维修，普通机械设计。

四、公司注册资本

第六条　公司的注册资本为全体股东实缴的出资总额人民币5 000万元。

第七条　公司注册资本的增加或减少必须经股东会代表2/3以上表决权股东一致通过，增加或减少的比例、幅度必须符合国家有关法律、法规的规定，而且不应影响公司的存在。

五、公司股东名称

第八条　凡持有本公司出具的认缴出资证明的为本公司股东，股东是法人的，由该法人的法定代表人或法人的代理人代表法人行使股东权利。

第九条　公司在册股东共5人，全部是自然人股东。

股东名录：

1. 自然人名称：王珊珊

   住　　所：北京市朝阳区永顺东里2号院

   认缴出资额：2 000万元，占公司注册资本的40%

   出资方式：货币

   认缴时间：2016年5月30日

2. 自然人名称：杨林

   住　　所：北京市丰台区马家堡1单元

认缴出资额：1 000 万元，占公司注册资本的 20%

出资方式：货币

认缴时间：2016 年 5 月 30 日

3. 自然人名称：吴华

住　　所：北京市海淀区颐和山庄 2 号院

认缴出资额：1 000 万元，占公司注册资本的 20%

出资方式：货币

认缴时间：2016 年 5 月 30 日

4. 自然人名称：曹雪娜

住　　所：北京市东城区魔方公寓 5 号院

认缴出资额：500 万元，占公司注册资本的 10%

出资方式：货币

认缴时间：2016 年 5 月 30 日

5. 自然人名称：刁城

住　　所：北京市昌平区绿城阳光 3 单元

认缴出资额：500 万元，占公司注册资本的 10%

出资方式：货币

认缴时间：2016 年 5 月 30 日

第十条　公司置备股东名册，并记载下列事项：

1. 股东的姓名或者名称及住所；

2. 股东的出资额；

3. 出资证明书编号。

六、股东的权利和义务

第十一条　公司股东享有以下权利：

1. 出席股东会，按出资比例行使表决权；

2. 按出资比例分取公司红利；

3. 有权查询公司章程、股东会会议记录、财务会计报表；

4. 公司新增资本时，可优先认缴出资；

5. 按规定转让出资；

6. 其他股东转让出资，在同等条件下，有优先购买权；

7. 有权在公司解散清算时按出资比例分配剩余财产。

第十二条　公司股东承担以下义务：

1. 遵守公司章程；

2. 按期缴足认购的出资；

3. 以其出资额为限对公司承担责任；

4. 出资额只能按规定转让，不得退资；

5. 有责任保护公司的合法权益，不得参与危害公司利益的活动；

6. 在公司登记后，不得抽回出资；

7. 在公司成立后，发现作为出资的实物、工业产权、非专利技术、土地使用权的实际价额显著低于公司章程所定价额的，应当由交付该出资的股东补交其差额，公司设立时的其他股东对其承担连带责任。

七、股东（出资人）的出资方式和出资额

第十三条　出资人以货币认缴出资额。（以实物、工业产权、非专利技术、土地使用权认缴出资额，应提交相应证件，经其他股东同意，评估折算成人民币并于公司成立后6个月内依法办理其财产权的转移手续，在出资证明中注明。）

第十四条　出资人按规定的期限于2016年5月30日前缴足认资额，逾期未缴足出资的股东，向已足额缴纳出资的股东承担违约责任。

第十五条　全体出资人缴纳出资额后，经会计师事务所验证并出具验资报告经公司登记机关登记后，公司对出资人签发出资证明书，出资人即成为公司股东。

八、股东转让出资的条件

第十六条　股东之间可以相互转让其全部出资或者部分出资。

第十七条　股东向股东以外的人转让其出资时，必须经全体股东过半数同意，不同意转让的股东应当购买该转让的出资，如果不购买该转让的出资，则视为同意转让。

第十八条　经股东会同意转让的出资，在同等条件下，其他股东对该出资有优先购买权。

第十九条　股东依法转让其出资后，由公司将受让人的姓名或者名称、住所以及受让的出资额记载于股东名册。

九、公司的机构及其产生办法、职权、议事规则

（一）股东会

第二十条　股东会是公司的权力机构。股东会由公司全体在册股东组成。股东会成员名单：王珊珊　杨林　吴华　曹雪娜　刁城。

第二十一条　公司股东会依法行使下列职权：

1. 决定公司经营方针和投资计划；
2. 选举和更换董事，决定有关董事的报酬事项；
3. 选举和更换由股东代表出任的监事，决定有关监事的报酬事项；
4. 审议批准董事会报告；
5. 审议批准监事或监事会报告；
6. 审议批准公司年度财务预算方案、决算方案；
7. 审议批准公司利润分配方案和弥补亏损方案；
8. 对公司增、减注册资本做出决议；
9. 对股东向股东以外的人转让出资做出决议；
11. 对公司合并、分立、变更公司形式、解散和清算等事项做出决议；
12. 授权董事会对设立分公司做出决议；
13. 修改公司章程。

第二十二条　股东会分为股东年会和临时股东会两种形式。年会每年召开一次，在会计年度结束后2个月内召开。临时会由董事会提议召开，有下述情况时应召开临时会：代表1/4以上表决权的股东或1/3以上的董事、监事提议召开时，临时股东会不得决议通知未载明的事项。

第二十三条　股东会由董事会召集（首次股东会由出资额最高的股东召集、主持），董事会于会前15日以书面方式通知所有股东。通知应载明召集事由、会议地点、会议日期等事项。

第二十四条　股东会由董事长主持；董事长不能履行职务或不履行职务的，由副董事长主

持；副董事长不能履行职务或不履行职务的，由半数以上董事共同推举一名董事主持。

第二十五条　股东在股东会上按其出资比例行使表决权。

第二十六条　股东会决议有普通决议和特别决议两种形式。

普通决议由代表公司 2/3 表决权以上的股东出席，并经代表 1/2 以上表决权的股东通过。

特别决议由代表公司 3/4 表决权以上的股东出席，并经代表 2/3 以上表决权的股东通过。

第二十七条　下列决议由特别决议通过：

1. 增、减注册资本；

2. 公司合并、分立、终止及清算、变更公司形式、设立分公司；

3. 修改公司章程。

第二十八条　未能满足第二十六条时，会议延期 10 日召开，并再次向未到席的股东发出通知，延期后仍未达到条件时则视为有效数额，并按实际出席股东代表的表决权满足第二十六条的表决比例时，做出的决议即为有效。

第二十九条　股东会会议应做记录，经出席股东代表签字后，由公司存档。

（二）董事会

第三十条　公司设立董事会，为公司股东会的常设执行机构，对股东会负责。

董事会由 3 名董事组成，设董事长一名。

董事会成员名单如下：

董事长：王珊珊

董事：杨林、吴华

第三十一条　董事由股东会选举产生。

第三十二条　董事长和副董事长由半数以上的董事选举产生。

第三十三条　董事的每届任期年限为 3 年。届满可连选连任。为保持公司经营活动具有连续性，每次换届人数不应高于董事总数的三分之一。董事任期未满前，股东会不得无故解除其职务。

第三十四条　董事会每半年召开一次，由董事长召集主持；董事长不能履行职务或不履行职务的，由副董事长召集主持；副董事长不能履行职务或不履行职务的，由半数以上董事共同推举一名董事召集主持。召集人应在会前 10 日书面通知各董事。若经 1/3 以上董事提议，应召开特别董事会。董事会决议的表决，实行一人一票。董事会决议须经半数以上董事通过。

第三十五条　董事会行使下列职权：

1. 负责召集股东会，并向股东会报告工作；

2. 执行股东会决议；

3. 决定公司经营计划和投资方案；

4. 制定公司年度预算方案、决算方案；

5. 制定公司利润分配方案、弥补亏损方案；

6. 制定公司增减注册资本的方案；

7. 拟定公司合并、分立、变更公司形式、设立分公司、解散的方案；

8. 决定公司内部管理机构的设置；

9. 聘任、解聘公司经理，根据公司经理提名聘任或解聘公司副经理、财务负责人并决定其报酬事项；

10. 制定公司基本管理制度；

11. 股东会赋予的其他职权。

其中第 3、4、5、6、7、9 项应经 2/3 的董事表决同意，其余由过半数董事表决同意。

第三十六条　董事会会议应做记录，由出席董事签字存档；

第三十七条　董事长的职权：

1. 召集、主持股东会和董事会；

2. 检查董事会决议的实施情况；

3. 签署出资证书。

（三）监事会

第三十八条　监事会是公司常设监察机构，对公司的董事会、董事、公司高级职员进行监督。

第三十九条　监事会成员3人，每届任期3年，届满可连选连任。其中2人由股东会选举产生，1人由职工代表担任，监事会中的职工代表由公司职工选举产生。（公司董事、经理及财务负责人不得担任监事。）

监事召集人由监事会同意推选产生。

本届监事会成员：3人，其中：1人为监事会召集人。

第四十条　监事会或监事行使下列职权：

1. 检查公司财务；

2. 对董事、经理执行公务时违反法律、法规、公司章程的行为进行监督；

3. 当董事和经理的行为损害公司利益时，要求董事和经理予以纠正；

4. 提议召开临时股东会。

第四十一条　监事会议事规则：监事会决议应2/3以上的监事同意方为有效。

（四）公司经理及其他高级职员

第四十二条　公司的日常经营活动由董事会授权给公司经理负责。

公司经理由董事会聘任或解聘。副经理、财务负责人等公司高级职员由公司经理提名，董事会聘任或解聘。

第四十三条　经理对董事会负责行使下列职权：

1. 主持公司日常生产经营管理工作，组织实施董事会决议；

2. 组织实施公司年度经营计划和投资方案；

3. 拟定公司内部管理机构的设置方案；

4. 拟定公司基本管理制度；

5. 制定公司具体规章；

6. 提请聘任或解聘公司副经理、财务负责人；

7. 聘任或解聘由董事会聘任或解聘以外的其他管理人员；

8. 列席董事会会议。

第四十四条　下列人员不得担任公司的董事、监事、经理：

1. 无民事行为能力或者限制民事行为能力；

2. 因犯有贪污、贿赂、侵占财产、挪用财产罪或者破坏社会经济秩序罪，被判处刑罚，执行期满未逾5年，或者因犯罪被剥夺政治权利，执行期满未逾5年；

3. 担任因经营不善破产清算的公司、企业的董事或者厂长、经理，并对该公司、企业的破产负有个人责任的，自该公司、企业破产清算完结之日起未逾3年；

4. 担任因违法被吊销营业执照的公司、企业的法定代表人，并负有个人责任的，自该公司、企业被吊销营业执照之日起未逾3年；

5. 个人所负数额较大的债务到期未清偿；

6. 国家公务员、现役军人、法官、检察官、警官等。

公司违反前款规定选举、委派董事、监事或者聘任经理的，该选举、委派或者聘任无效。

第四十五条　董事、监事、经理应承担下列义务：

1. 董事、监事、经理应当遵守公司章程，忠实履行职务，维护公司利益，不得利用在公司的地位和职权为自己谋取私利。

2. 董事、监事、经理不得利用职权收受贿赂或者其他非法收入，不得侵占公司的财产。

3. 董事、监事、经理不得挪用公司资金或者将公司资金借贷给他人。

4. 董事、监事、经理不得将公司财产以其个人或者以其他个人名义开立账户存储。

5. 董事、监事、经理不得以公司资产为本公司的股东或者其他个人债务提供担保。

6. 董事、监事、经理不得自营或者为他人经营与其所任职公司同类的营业或者从事损害本公司利益的活动。从事上述营业或者活动的，所得收入应当归公司所有。

7. 董事、监事、经理除公司章程规定或者经股东会同意外，不得同本公司订立合同或者进行交易。

8. 董事、监事、经理除依照法律规定或者经股东会同意外，不得泄露公司秘密。

9. 董事、监事、经理执行公司职务时违反法律、行政法规或者公司章程的规定，给公司造成损害的，应当承担赔偿责任。

第四十六条　公司经理及其他高级职员不得违背股东会和董事会的决议，不得超越董事会的授权，若因此而给公司造成损失的应负赔偿责任。

第四十七条　公司经理及其他由董事会聘任的高级职员请求辞职，应提前 30 天报告董事会，董事会在接到申请起 10 日内做出决议允许请求辞职的高级职员在 10 日后辞职，在批准辞职前公司高级职员必须继续履行其职责。若违反此条规定给公司造成损失的应负赔偿责任。

十、公司的法定代表人

第四十八条　公司的法定代表人为公司董事会董事长。法定代表人代表公司参与民事诉讼活动。法定代表人应全力维护公司的利益。

现任法定代表人是：王珊珊。

十一、公司的解散事由与清算办法

第四十九条　公司经营期限为永久存续。

第五十条　公司出现下述情况时，应予解散：

1. 公司章程规定的营业期限届满时，股东会认为不再继续存在；
2. 因合并或分立而解散；
3. 股东人数或注册资本达不到《公司法》要求；
4. 因资不抵债被宣告破产；
5. 违反法律、法规、危害公共利益，被执法部门撤销；
6. 股东会特别决议决定解散。

第五十一条　公司依照前条 1、2、3、6 项规定解散的，应在 15 日内成立清算组，清算组由股东组成。（公司债权人代表可参加组成清算组）

第五十二条　公司清算组成立后 10 日内通知债权人，在 60 日内在报纸上公告 3 次，债权人应在 90 日内向清算组申报债权。

第五十三条　清算组在清算期间行使下列职权：

1. 清理公司财产，编制资产负债表及财产清单；
2. 通知和公告债权人；
3. 处理与清算有关公司未了结的业务；
4. 清缴所欠税款；
5. 清理债权、债务；

6. 处理公司清偿债务后的剩余财产；

7. 代表公司参与民事诉讼活动。

第五十四条　清算组在公司债权人债权申报期间不得对公司债权人进行清算，但本公司不能因此免除对因推延清偿而引起的损害承担赔偿责任。

第五十五条　清算期间公司不得开展新的经营活动。

第五十六条　清算组在发现公司财产不足清偿所负债务时，必须立即停止清算，并按有关程序报人民法院申请破产。

第五十七条　依照第五十条 4、5 项终止公司，应由人民法院按破产程序处理。

第五十八条　公司经人民法院裁定宣告破产后，清算组应将清算事务移交给人民法院。

第五十九条　公司财产优先拔付清算费用，剩余按下列顺序清偿：

1. 职工工资、奖金、劳动保险费用；

2. 税款；

3. 公司债务。

第六十条　公司清偿债务后，将剩余财产按股东出资比例分配给股东。

第六十一条　清算结束后，清算组提交清算报告，并编制清算期内收支报表和各种财务账目，向原登记机关办理注销手续，公告公司终止。

十二、公司财务、会计

第六十二条　公司应当依照法律、行政法规和国务院财政主管部门的规定建立本公司财务、会计制度。

第六十三条　公司应当在每一会计年度终了时制作财务会计报告，并依法经审查验证。

财务会计报告应当包括下列财务会计报表及附属明细表：

1. 资产负债表；

2. 利润表；

3. 财务状况变动表；

4. 财务情况说明书；

5. 利润分配表。

第六十四条　公司应当于会计年度结束后 30 日内将财务会计报告送交各股东。

第六十五条　公司分配当年税后利润时，应当提取利润的 10％列入公司法定公积金，公司法定公积金累计额为公司注册资本的 50％以上的，可不再提取。

公司的法定公积金不足以弥补上一年度公司亏损的，在依照规定提取法定公积金之前，应当先用当年利润弥补亏损。

公司在从税后利润中提取法定公积金后，经股东会决议可以提取任意公积金。

公司弥补亏损和提取公积金后所余利润，按照股东的出资比例进行分配。

股东会或者董事会违反前款规定，在公司弥补亏损和提取法定公积金之前向股东分配利润的，必须将违反规定分配的利润退还公司。

第六十六条　公司的公积金用于弥补公司亏损、扩大公司生产经营或者转为增加公司资本。

第六十七条　公司除法定的会计账册外，不得另立会计账册。

对公司资产，不得以任何个人名义开立账户存储。

十三、附　则

第六十八条　本章程经公司登记机关登记后生效。

第六十九条　本章程依照法定程序修改后未涉及登记事项的，公司应将修改后的公司章程或公司章程修正案送公司登记机关备案，涉及登记事项变更的，应向公司登记机关申请变更登记。

第七十条　本章程的订立日期为 2016 年 4 月 10 日。

全体股东(签字盖章)：

2016年4月10日

五、环境评估报告

审批意见：

环评许准字[2016]第 020364 号

1、同意北京明基设备制造有限公司在北京大兴区长安街道302号租用北京电车工厂厂房建设，从事冶金设备、矿山设备设计制造、生产，无表面处理工艺；项目投资 100 万人民币，占地面积 2125 平方米，建筑面积 1500 平方米；

2、生产加工在车间内进行，并采取隔音、减震措施，控制噪声对周围环境的影响，噪声排放应达到《工业企业厂界噪声标准》III 类要求，即昼间 65 分贝，夜间 55 分贝；

3、机械加工中的切削液循环使用，严禁排放，确须更换时由专人负责装桶送至有资质证的专业厂家处理；

4、生产下角料、废铁渣集中回收利用，焊渣、垃圾等固体废物及时清理；

5、生活污水经化粪池厌氧分解后定期由市政部门清淘外运或综合利用，不得外排；

6、冬季取暖和职工食堂均由大连电车工厂提供；

7、未经环保部门批准不得擅自扩大生产规模、增加生产项目、改变生产工艺；

8、凭此件可办理工商执照；在项目试生产前三个月内，到大兴区环保分局办理排污申报手续，并及时向环保审批部门申请验收，经验收合格后方可正式生产。

如对本批复有异议，自收到批复之日起 60 日内，可向北京市人民政府或北京市环境保护局申请复议；或在 3 个月内向大兴区人民法院提起诉讼。

依照《中华人民共和国行政许可法》第 38 条第 1 款、《中华人民共和国环境影响评价法》第 22 条第 3 款规定，决定准予你（单位）取得该行政许可。

公章

经办人：

2016 年 4 月 8 日

验收意见：

环验许准字[2016]第 020325 号

1、同意北京明基设备制造有限公司正式生产。

2、严格按审批要求进行生产，未经环保审批部门批准不得改变工艺、增加项目、扩大规模。

3、严格控制设备噪声对周围的影响，确保噪声达标排放。

4、固体废物及时清理，按相关规定处理、处置，不得随意排放。

5、依法经营、排污申报、缴纳排污费。

如对本批复有异议，自收到批复之日起 60 日内，可向北京市人民政府或北京市环境保护局申请复或在 3 个月内向大兴区人民法院提起诉讼。

依照《中华人民共和国行政许可法》第 38 条第 1 款、《建设项目环境保护验收管理办法》第 17 条规定，决定准予你（单位）取得该行政许可。

经办人：

2016 年 5 月 12 日

六、开户许可证

开户许可证

核准号：J2229021111902　　编号：2210-01774243

经审核，北京明基设备制造有限公司符合开户条件，准予开立基本存款账户。

法定代表人（单位负责人）王珊珊　　开户银行 中国建设银行股份有限公司北京中山支行

账　号 21201501200053025041

发证机关（盖章）

2016 年 4 月 28 日

七、营业执照

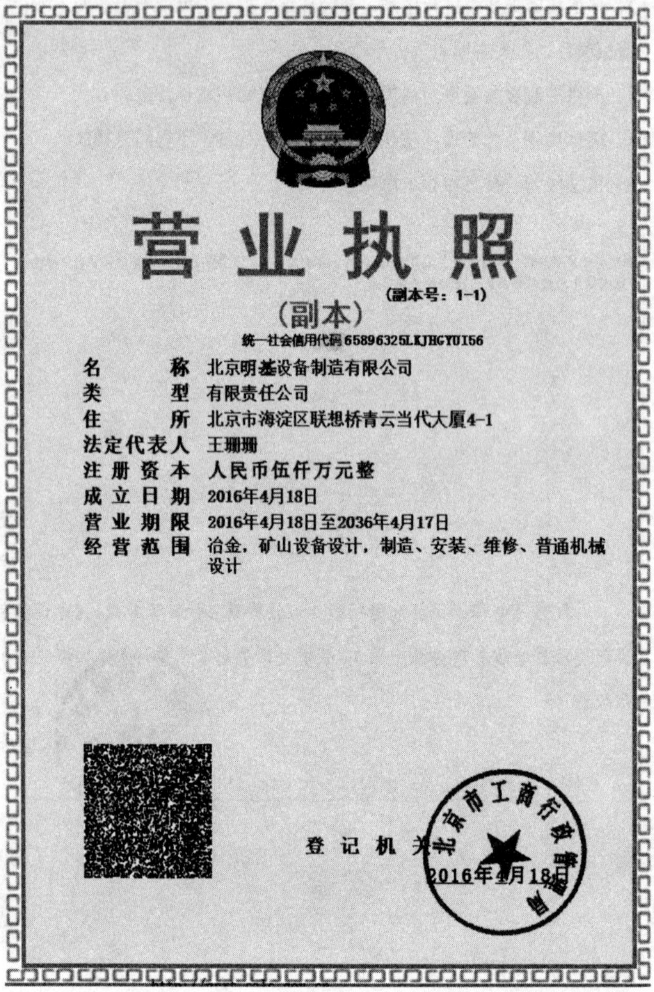

营 业 执 照

（副本号：1-1）

（副本）

统一社会信用代码 65896325LKJHGYUI56

名　　称	北京明基设备制造有限公司
类　　型	有限责任公司
住　　所	北京市海淀区联想桥青云当代大厦4-1
法定代表人	王珊珊
注册资本	人民币伍仟万元整
成立日期	2016年4月18日
营业期限	2016年4月18日至2036年4月17日
经营范围	冶金，矿山设备设计，制造、安装、维修、普通机械设计

登记机关 北京市工商行政管理局

2016年4月18日

Daily
Accounting and Taxation

第二篇

企业日常经济业务

- 2016 年 7 月份发生的经济业务
- 账务处理

一、2016 年 7 月份发生的经济业务

1. 2016 年 7 月 1 日，经批准出纳到银行提备用金 10 000.00 元。

2. 2016 年 7 月 1 日，经领导批准，刘文胜为公司员工缴存移动电话费 5 600.00 元。

3. 2016 年 7 月 1 日，经领导批准，张光明报销差旅费 4 580.00 元，其中住宿费 1 800.00 元为增值税专用发票。

4. 2016 年 7 月 1 日，收到银行利息 28 125.00 元回单。

5. 2016 年 7 月 2 日，经领导批准，办公室周敬飞购办公用品 1 560.00 元。

6. 2016 年 7 月 2 日，经领导批准，刘一男为工厂购买标准件一批 3 400.00 元。

7. 2016 年 7 月 2 日，经领导批准，办公室刘文胜购买矿泉水 560.00 元。

8. 2016 年 7 月 2 日，经领导批准，经营部刘国敏出差申请备用金 3 000.00 元。

9. 2016 年 7 月 2 日，冲回 6 月 30 日办理暂估入库减震弹簧 20 套，金额 5 982.91 元。

10. 2016 年 7 月 2 日，经领导批准，经营部蔡洪亮招待北京中才节能公司业务人员，报销业务招待费 3 650.00 元。

11. 2016 年 7 月 2 日，经领导批准，支付北京万鑫减速机有限公司减速机款 650 000.00 元。

12. 2016 年 7 月 6 日，收到北京中才节能焦化有限公司的预付款 1 080 000.00 元。

13. 2016 年 7 月 6 日，经营部刘军去上海宝钢跟踪焦化项目，经领导批准，申请出差备用金 5 000.00 元。

14. 2016 年 7 月 6 日，6 月份采购的辽宁省机械制造有限公司轴箱体 20 套到货，验收合格办理入库。

15. 2016 年 7 月 6 日，采购钢材 200 吨，含税价 3 200.00 元/吨，金额 640 000.00 元。

16. 2016 年 7 月 8 日，经领导批准，支付沈阳航空设备制造有限公司液压缓冲器款12 400.00 元。

17. 2016 年 7 月 8 日，经领导批准，支付长春大川电机股份有限公司电机款 310 000.00 元。

18. 2016 年 7 月 10 日，经领导批准，发放 6 月份工资 111 976.32 元。

19. 2016 年 7 月 10 日，缴纳代扣个人所得税 4 978.89 元。

20. 2016 年 7 月 10 日，缴纳职工基本社会保险费 37 320.69 元。

21. 2016 年 7 月 10 日，缴纳购销合同印花税 1 300.38 元。

22. 2016 年 7 月 10 日，从济南铁合金有限公司采购耐热板 380 块，重量 23 吨，含税价4 800.00 元/吨，金额 110 400.00 元，耐热板到货，验收合格办理入库。

23. 2016 年 7 月 10 日，收到 6 月份从江苏金亿工业弹簧厂采购的减震弹簧 20 套，金额7 000.00 元，取得增值税专用发票。

24. 2016 年 7 月 12 日，经领导批准，支付江苏金亿工业弹簧厂减震弹簧款 7 000.00 元。

25. 2016 年 7 月 12 日，经领导批准，支付双峰压力容器（青岛）有限公司储气罐款38 000.00 元。

26. 2016 年 7 月 12 日，从北京海洋钢格板制造有限公司购买梯踏板 40 个，含税价 385.00 元/个，金额 15 400.00 元，梯踏板到货，检验合格验收入库。

27. 2016 年 7 月 12 日，从北京永利电加热器有限公司采购散热器 15 台，含税价 13 000 元/台，金额 195 000.00 元，散热器到货，验收合格办理入库。

28. 2016 年 7 月 13 日，从北京冠林科技发展有限公司采购监控系统 5 套，含税价

60 000.00 元/套，金额 300 000.00 元，验收合格办理入库。

29. 2016 年 7 月 13 日，从北京亚明照明工程设计有限公司采购高压钠灯 20 套，含税价 630 元/套，金额 12 600.00 元，验收合格办理入库。

30. 2016 年 7 月 13 日，从北京群升门业有限公司采购防盗门 15 套，含税价1 560 元/套，金额 23 400 元，防盗门到货，验收合格办理入库并支付货款。

31. 2016 年 7 月 13 日，从北京电线电缆有限公司采购电缆 600 米，含税价 58 元/米，金额 34 800 元，电缆到货验收入库。

32. 2016 年 7 月 15 日，经领导批准，从航天金税信息有限公司购买票据打印机一台，金额1 980.00 元，用银行转账支票支付。

33. 2016 年 7 月 15 日，经领导批准，张光明报销上海出差费 1 860.00 元（其中住宿费 560.00 元为增值税专用发票）。

34. 2016 年 7 月 15 日，经领导批准，张光明报销上海出差费 5 580.00 元（其中住宿费2 600.00 元为增值税专用发票）。

35. 2016 年 7 月 15 日，经领导批准，张光明报销上海宝钢业务人员招待费 3 600.00 元。

36. 2016 年 7 月 15 日，从北京金镒鑫铸造厂购买轴套 40 套，含税价 244.00 元/套，金额 9 760.00 元，轴套到货，验收合格办理入库，经领导批准，支付货款 9 760.00 元。

37. 2016 年 7 月 16 日，从沈阳维特传动有限公司购买万向节联轴器 20 套，含税价 7 000.00 元/套，金额 140 000.00 元，万向节联轴器到货，验收合格办理入库。

38. 2016 年 7 月 16 日，从北京大通自动化设备有限公司购买控制变压器 5 个，含税价8 500.00 元/个，金额 42 500.00 元；购买制动电阻 10 个，含税价 2 150.00 元/个，金额21 500.00 元，控制变压器和制动电阻到货，验收合格办理入库。

39. 2016 年 7 月 16 日，从北京裕隆高速钢有限公司采购衬板 46.92 吨，含税价 28 400 元/吨，金额 1 332 528.00 元，衬板到货，验收合格办理入库。

40. 2016 年 7 月 16 日，从江苏金亿工业弹簧厂采购缓冲弹簧 36 件，含税价2 000 元/件，金额 72 000.00 元，缓冲弹簧到货，验收合格办理入库。

41. 2016 年 7 月 16 日，从北京政达机械有限公司采购导辊 36 套，含税价 18 800.00 元/套，金额 676 800.00 元，导辊到货，验收合格办理入库。

42. 2016 年 7 月 17 日，从辽宁瓦轴轴承销售有限公司采购轴承 216 套，含税价 90 元/套，金额 19 440.00 元，轴承到货，验收合格办理入库，经领导批准支付货款。

43. 2016 年 7 月 17 日，从北京永兴商贸有限公司采购轴套 288 套，含税价 200.00 元/套，金额 57 600.00 元，轴套到货，验收合格办理入库，经领导批准支付货款。

44. 2016 年 7 月 18 日，从北京长城冶金机械厂采购提升装置 6 套，含税价 56 000.00 元/套，金额 336 000.00 元，提升装置到货，验收合格办理入库。

45. 2016 年 7 月 18 日，经领导批准，公司办公室周敬飞报销购买办公用品款 358.30 元。

46. 2016 年 7 月 20 日，经营部邹悦琪去大连出差，经领导批准，申请出差备用金 3 000.00 元。

47. 2016 年 7 月 20 日，生产电机车领用螺杆式空压机 10 台，金额 294 871.79 元。

48. 2016 年 7 月 20 日，生产电机车领用轴箱体 20 套，金额 34 188.03 元。

49. 2016 年 7 月 20 日，生产电机车领用减震弹簧 20 套，金额 5 982.91 元。

50. 2016 年 7 月 20 日，生产焦罐运载车领用钢材 225 吨，金额 623 977.09 元。

51. 2016年7月20日，经领导批准，出纳去银行提备用金5 000.00元。

52. 2016年7月20日，生产电机车领用梯踏板40个，金额13 162.39元。

53. 2016年7月20日，生产电机车领用散热器15台，金额166 666.67元。

54. 2016年7月20日，生产电机车领用监控系统5套，金额256 410.26元

55. 2016年7月20日，生产电机车领用高压钠灯20套，金额10 769.23元。

56. 2016年7月20日，生产电机车领用防盗门15套，金额20 000.00元。

57. 2016年7月20日，生产电机车领用电缆600米，金额29 743.59元。

58. 2016年7月20日，生产电机车领用轴套40套，金额8 341.88元。

59. 2016年7月20日，生产电机车领用万向节联轴器20套，金额119 658.12元。

60. 2016年7月20日，生产电机车领用控制变压器5个，金额36 324.79元；领用制动电阻10个，金额18 376.07元。

61. 2016年7月20日，收到北京中钢设备股份有限公司进度款3 900 000.00元。

62. 2016年7月22日，经领导批准，支付北京鑫源气体有限公司使用氧气、乙炔等气体费用58 268.00元。

63. 2016年7月22日，经领导批准，刘一男购工厂用标准件一批35 000.00元。

64. 2016年7月22日，经领导批准从北京沃尔沃4S销售有限公司购买沃尔沃XW6125A大客车一辆，金额1 200 000.00元，用于工厂员工通勤。

65. 2016年7月22日，经领导批准，从平安保险公司购买沃尔沃客车保险，共计46 232.00元。

66. 2016年7月22日，经领导批准，缴纳车辆购置税102 564.10元。

67. 2016年7月25日，经领导批准，邹悦琪报销差旅费2 826.00元、住宿费1 200.00元（增值税专票）、业务招待费3 500.00元。

68. 2016年7月25日，经领导批准，为工厂购买三星K2200ND复印机一台，金额16 800.00元。

69. 2016年7月25日，经领导批准，工厂购买A4复印纸2箱，金额272.00元。

70. 2016年7月25日，经领导批准，经营部孙晓东去济南出差，申请出差备用金3 000.00元。

71. 2016年7月25日，从北京华连机械厂采购销轴144件，含税价250.00元/件，金额36 000.00元，销轴到货，验收合格办理入库。

72. 2016年7月25日，经领导批准，工厂客车司机刘东江报柴油费1 200.00元。

73. 2016年7月25日，从北京奥特斯丁工业有限公司采购钢丝增强陶瓷纤维270.00米，含税价30.00元/米，金额8 100.00元。钢丝增强陶瓷纤维到货，验收合格办理入库。经领导批准，支付货款8 100.00元。

74. 2016年7月26日，从北京银利锋机械设备有限公司采购吊杆26套，含税价11 800.00元/套，金额306 800.00元。吊杆到货，验收合格办理入库。

75. 2016年7月26日，经领导批准，支付广州冰凌制冷设备有限公司空调款135 000.00元。

76. 2016年7月26日，经领导批准，支付昆明东方起重设备有限公司液压制动器款386 100.00元。

77. 2016年7月26日，经领导批准，支付众业达（北京）有限公司低压元器件款76 000.00元。

78. 2016年7月26日，经领导批准，支付北京海权经贸有限公司螺杆式空压机款345 000.00元。

79. 2016 年 7 月 27 日，经领导批准，支付辽宁省机械制造有限公司轴箱体款 40 000.00 元。

80. 2016 年 7 月 27 日，经领导批准，支付济南铁合金有限公司耐热板款 110 400.00 元。

81. 2016 年 7 月 28 日，经领导批准，公司出纳去银行提取 7 月份防暑降温费 18 000.00 元。

82. 2016 年 7 月 28 日，经领导批准，发放 7 月份职工防暑降温费 18 000.00 元。

83. 2016 年 7 月 29 日，经领导批准，支付工厂 7 月份电费 56 245.62 元。

84. 2016 年 7 月 29 日，经领导批准，工厂贾国柱报销市内短途运输费用 3 500.00 元。

85. 2016 年 7 月 29 日，摊销租金 360 360.36 元。

86. 2016 年 7 月 29 日，计提固定资产折旧 47 621.91 元。

87. 2016 年 7 月 31 日，计提工资费用 424 966.07 元。

88. 2016 年 7 月 31 日，分配制造费用 544 739.66 元。

89. 2016 年 7 月 31 日，结转完工产品成本。

90. 2016 年 7 月 31 日，收到北京中钢设备股份有限公司设备提货款 1 950 000.00 元。

91. 2016 年 7 月 31 日，北京中钢预订的 5 台电机车发往新疆八钢，运费 860 000.00 元，经领导批准，先预付 400 000.00 元。

92. 2016 年 7 月 31 日，销售电机车 5 台。

93. 2016 年 7 月 31 日，结转产品销售成本。

94. 2016 年 7 月 31 日，结转主营业务收入 8 333 333.33 元。

95. 2016 年 7 月 31 日，结转主营业务成本 5 790 168.16 元。

96. 2016 年 7 月 31 日，结转销售费用 71 499.37 元。

97. 2016 年 7 月 31 日，结转管理费用 302 081.98 元。

98. 2016 年 7 月 31 日，结转财务费用－28 125.00 元。

二、账务处理

业务 1：提取备用金

2016 年 7 月 1 日，经批准出纳到银行提备用金 10 000.00 元。

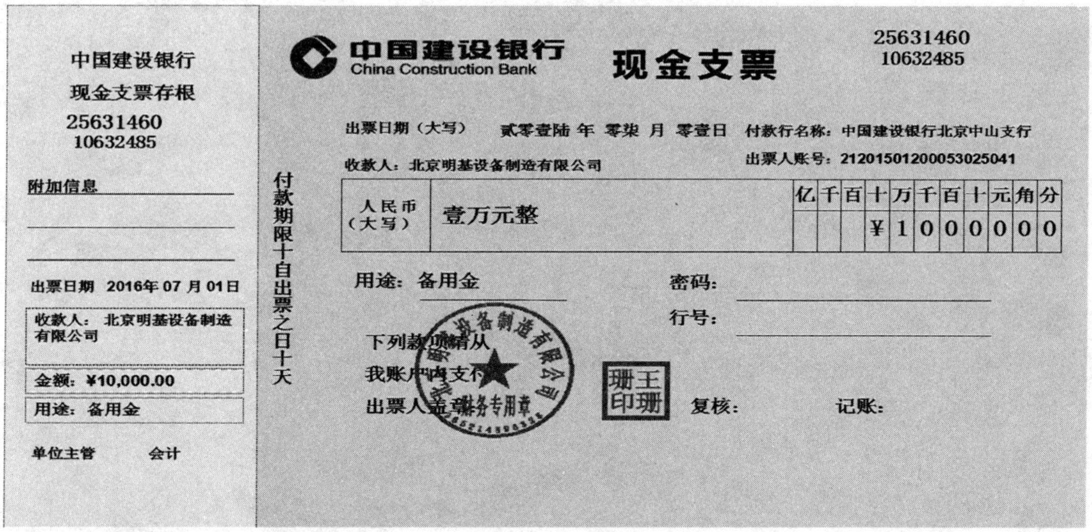

中国建设银行
现金支票存根
25631460
10632485
附加信息
出票日期 2016年 07 月 01日
收款人：北京明基设备制造有限公司
金额：¥10,000.00
用途：备用金
单位主管　　会计

中国建设银行 China Construction Bank　现金支票　25631460 10632485

出票日期（大写）　贰零壹陆 年 零柒 月 零壹日　付款行名称：中国建设银行北京中山支行

收款人：北京明基设备制造有限公司　出票人账号：21201501200053025041

人民币（大写）	壹万元整	亿	千	百	十	万	千	百	十	元	角	分
					¥	1	0	0	0	0	0	0

付款期限自出票之日十天

用途：备用金　密码：

行号：

下列款项请从
我账户内支付
出票人签章　珊王印珊　复核：　记账：

记账凭证

本币：人民币　单位：元

2016 年 7 月 1 日

核算单位：[001]北京明基设备制造有限公司　第0001号 - 0001/0001

摘　要	会　计　科　目	借方金额	贷方金额
提备用金	库存现金	10,000.00	
提备用金	银行存款/建设银行		10,000.00
附单据数　1　张	合计　壹万元整	10,000.00	10,000.00

财务主管：　记账：周磊　复核：马英　出纳：　制单：demo　经办人：

业务 2：缴纳电话费

2016 年 7 月 1 日，经领导批准，刘文胜为公司员工缴存移动电话费 5 600.00 元。

中国移动 China Mobile

北京市国家税务局通用机打发票

发票联

密码

发票代码 137041523188

发票号码 00525286

开票日期：2016.07.01　　行业分类：电信业

客户名称：　北京明基设备制造有限公司　　业务类别：补打发票

用户号码：　　话费帐期　　合同号：

通信服务费　　5,600.00

合计：　　5,600.00

本次发票金额：　　5,600.00

370584587965218

中国移动通信集团北京有限公司大兴分公司 发票专用章

大写金额合计：　伍仟陆佰元整

流水号：[illegible]　开票人：　5168528　　营业厅：　北京市-大兴区兴业路营业厅

第二联　发票联

（手开无效）

京国税发票字（2016）0206号800万份 190X101.6X2

•北京银宝科技发展有限公司2016年03月印•

中国建设银行

转账支票存根

25631563

10632583

附加信息

出票日期 2016年07月01日

收款人：中国移动通信集团北京有限公司大兴分公司

金额：¥5,600.00

用途：电话费

单位主管　　会计

中国建设银行 China Construction Bank　**转账支票**

25631563
10632583

付款期限自出票之日十天

出票日期（大写）贰零壹陆 年 零柒 月 零壹 日　付款行名称：中国建设银行北京中山支行

收款人：中国移动通信集团北京有限公司大兴分公司　出票人账号：212015012000053025041

人民币（大写）	伍仟陆佰元整	亿	千	百	十	万	千	百	十	元	角	分
						¥	5	6	0	0	0	0

用途：电话费　　密码：

行号：

下列款项请从

我账户内支付

出票人盖章　　王珊印　　复核：　　记账：

北京明基设备制造有限公司资金申请单

2016 年 7 月 1 日　　NO.002

部门：办公室　　申请项目：电话费

申请金额（大写）：伍仟陆佰元整　　¥ 5,600.00

请款理由：支付电话费

单位负责人：珊王印珊　　部门负责人：明李印义　　财务负责人：印杨林　　经手人：刘文胜

记账凭证

本币：人民币　单位：元

2016 年 7 月 1 日

核算单位：[001]北京明基设备制造有限公司　　第0002号 - 0001/0001

摘　要	会　计　科　目	借方金额	贷方金额
刘文胜报电话费	销售费用/办公费	2,600.00	
刘文胜报电话费	管理费用/办公费	1,800.00	
刘文胜报电话费	制造费用/办公费	1,200.00	
刘文胜报电话费	银行存款/建设银行		5,600.00
附单据数　3　张	合计　伍仟陆佰元整	5,600.00	5,600.00

财务主管：　记账：周磊　复核：马英　出纳：　制单：demo　经办人：

业务 3：报销差旅费

2016 年 7 月 1 日，经领导批准，张光明报销差旅费 4 580.00 元，其中住宿费 1 800.00 元为增值税专用发票。

航空运输电子客票行程单
ITINERARY/RECEIPT OF E-TICKET FOR AIR TRANSPORT

印刷序号：6320496179 4
SERIAL NUMBER:

旅客姓名 NAME OF PASSENGER	有效身份证 ID.NO.	签注 ENDORSEMENTS/RESTRICTIONS(CARBON)
张光明		变更退票收费 4

		承运人 CARRIER	航班号 FLIGHT	座位等级 CLASS	日期 DATE	时间 TIME	客票级别/客票类别 FARE BASIS	客票生效日期 NOTVALID BEFORE	有效截止日期 NOT VALID AFTER	免费行李 ALLOW
自 FROM	北京 PEK	京航	MF8588	Y	2016-06-28	16:25	Y			20K
至 TO	广州 CAN	VOID								
至 TO	VOID									
至 TO										
至 TO										

票价 FARE	民航发展基金 CAAC DEVELOPMENT FUND	燃油附加费 FUEL SURCHARGE	其他税费 OTHER TAXES	合计 TOTAL
CNY 660.0	CNY CN 50.0	CNY YQ 70.0	0.0	CNY 780.0

电子客票号码 E-TICKET NO. 7312373841198　验证码 CK. 6179　提示信息 INFORMATION　保险费 INSURANCE XXX

销售单位代号 AGENT CODE　填开单位 ISSUDE BY 纵横天地电子商旅服务有限公司　填开日期 DATE OF ISSUE 2016-6-28

广东增值税专用发票

3100304346　　NO 56321453　　3100304346 56321453

发票联

开票日期：2016年7月1日

购买方	
名　　称：	北京明基设备制造有限公司
纳税人识别号：	65896325LKJHGYUI56
地 址、电 话：	北京市海淀区联想桥青云当代大厦4-1 36548963
开户行及账号：	中国建设银行北京中山支行21201501200053025041

密码区：
6877789*&^*(&%45*&^)(*&*(%(6^^#%#@#$@342vkh%43223216+
5456132415?><$#@$#+128$+151#@$@$+177@+1103+1129#@Q$@#
R#564816#r3w4165151@#553#$%#5+128&^#$&^3515618651*^%6
51651&$

货物或应税劳务、服务名称	规格型号	单位	数量	单价	金额	税率	税额
住宿费		天	6.00	283.02	1,698.11	6%	101.89
合　计					¥ 1,698.11		101.89
价税合计（大写）	壹仟捌佰元整				（小写）		1,800.00

销售方	
名　　称：	广东珠江希尔顿友朋酒店
纳税人识别号：	589632358136522748
地 址、电 话：	天河区黄埔大道东137号 020-83671188
开户行及账号：	中国工商银行珠江支行 63247823451285

备注：（印章：广州珠江希尔顿友朋酒店 589632358136522748 发票专用章 2412654896256）

收款人：王单　复核：罗琦　开票人：王单　销售方：（章）

第三联：发票联 购买方记账凭证

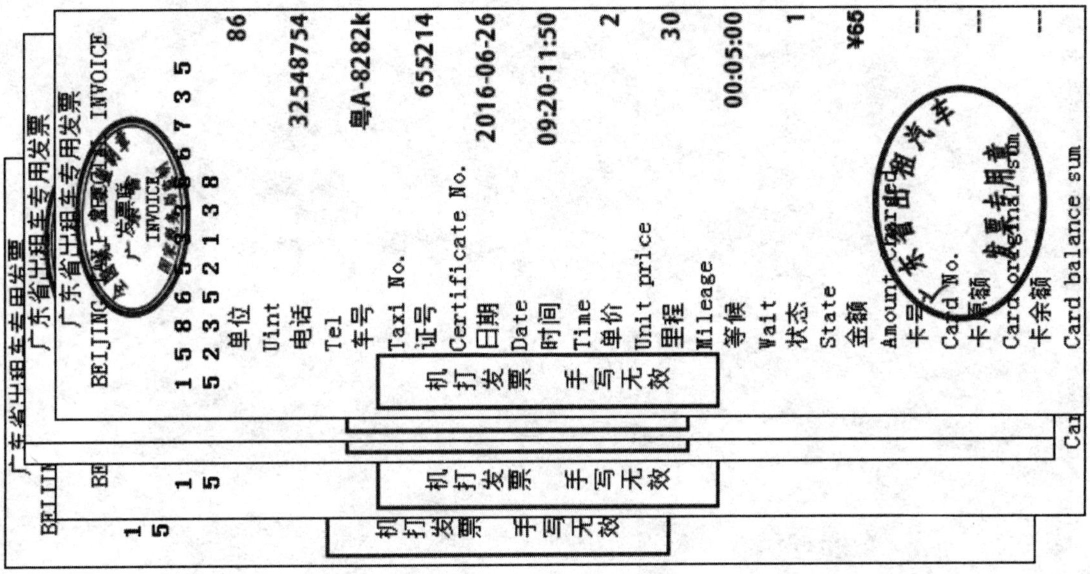
广东省出租车专用发票
BEIJING INVOICE
单位 Uint 86
电话 Tel 32548754
车号 Taxi No. 粤A-8282k
证号 Certificate No. 655214
日期 Date 2016-06-26
时间 Time 09:20-11:50
单价 Unit price 2
里程 Mileage 30
等候 Wait 00:05:00
状态 State 1
金额 Amount charged ¥65
卡号 Card No. --
卡原额 Card original sum --
卡余额 Card balance sum --
机打发票 手写无效

北京明基设备制造有限公司资金申请单

2016年 7月 1日　　　　NO.003

部门：经营部　　　　申请项目：差旅费

申请金额（大写）：肆仟伍佰捌拾元整　　¥ 4,580.00

请款理由：报销差旅费

单位负责人：王珊印　　部门负责人：张光辉印　　财务负责人：杨林印　　经手人：张光明

记账凭证

本币：人民币　单位：元

2016 年 7 月 1 日

核算单位：[001]北京明基设备制造有限公司　　第0003号 - 0001/0001

摘　　要	会　计　科　目	借方金额	贷方金额
张光明报差旅费	销售费用/差旅费	4,478.11	
张光明报差旅费	应交税费/应交增值税/进项税额	101.89	
张光明报差旅费	库存现金	420.00	
张光明报差旅费	其他应收款/张光明		5,000.00
附单据数　16　张	合计　伍仟元整	5,000.00	5,000.00

财务主管：　记账：周磊　复核：马英　出纳：　制单：demo　经办人：

业务 4：收到银行利息回单

2016 年 7 月 1 日，收到银行利息 28 125.00 元回单。

<table>
<tr><th colspan="7">中国建设银行网上银行电子回单</th></tr>
<tr><td>货币</td><td>人民币</td><td>日期：</td><td>2016-7-1</td><td>凭证号</td><td></td><td>交易流水号</td></tr>
<tr><td rowspan="3">付款人</td><td>全称</td><td colspan="2">中国建设银行北京中山支行</td><td rowspan="3">收款人</td><td>全称</td><td>北京明基设备制造有限公司</td></tr>
<tr><td>账号</td><td colspan="2"></td><td>账号</td><td>21201501200053025041</td></tr>
<tr><td>开户行</td><td colspan="2">中国建设银行北京中山支行</td><td>开户行</td><td>中国建设银行北京中山支行</td></tr>
<tr><td>大写金额</td><td colspan="2">贰万捌仟壹佰贰拾伍元整</td><td>小写金额</td><td colspan="2">28,125.00</td><td></td></tr>
<tr><td>用途</td><td colspan="5">利息收入</td><td rowspan="4">中国建设银行 电子回单 专用章</td></tr>
<tr><td>钞汇标志</td><td colspan="5">钞户</td></tr>
<tr><td colspan="6">重要提示：电子回单可重复打印，如您已通过银行柜台取得相应纸质回单，请注意核对，勿重复记账。</td></tr>
<tr><td colspan="6">第一次补打</td></tr>
</table>

记账凭证

本币：人民币　单位：元

2016 年 7 月 1 日

核算单位：[001]北京明基设备制造有限公司　　　　第0004号 - 0001/0001

摘　要	会 计 科 目	借方金额	贷方金额
利息收入	银行存款/建设银行	28,125.00	
利息收入	财务费用/利息收入	-28,125.00	
附单据数　1　张	合计　零元整	0.00	0.00

财务主管：　记账：周磊　复核：马英　出纳：　制单：demo　经办人：

业务 5：购办公用品

2016 年 7 月 2 日，经领导批准，办公室周敬飞购办公用品 1 560.00 元。

1100104140 北京增值税普通发票 NO 21025876

发票联

1100104140
NO 21025876

开票日期：2016年6月30日

购买方	名 称：北京明基设备制造有限公司 纳税人识别号： 地 址、电 话： 开户行及账号：	密码区	6877789*&^*(&%45*&^)(*&*(%(6^^#%#@#$@342vkh%43223216+5456132415?><$#@$#+128$+151#@$@$+177@+1103+1129#@Q$@#R#564816#r3w4165151@#553#$%#5+128&^#$&^3515618651*^%651651&$

货物或应税劳务、服务名称	规格型号	单位	数量	单价	金额	税率	税额
办公用品		批	1.00	1,514.56	1,514.56	3%	45.44
合 计					¥ 1[illegible]		¥ 45.44
价税合计（大写）	壹仟伍佰陆拾元整				（小写）		1,560.00

销售方	名 称：北京扬帆办公服务有限公司 纳税人识别号：565632789136522741 地 址、电 话：北京市海淀区五五路37号 83673678 开户行及账号：中国农业银行五五路支行 12247823261288	备注	

收款人：林删 复核：李娜娜 开票人：林删 销售方：（章）

第二联：发票联 购买方记账凭证

（印章：北京扬帆办公服务有限公司 565632789136522741 发票专用章）

北京明基设备制造有限公司资金申请单

2016 年 7 月 2 日 NO.005

部门：办公室 申请项目：购办公用品

申请金额（大写）：壹仟伍佰陆拾元整 ¥ 1,560.00

请款理由：支付购买办公用品费用

单位负责人 王珊印 部门负责人 李明义印 财务负责人 杨林印 经手人 周敬飞

记账凭证

本币：人民币　单位：元

2016 年 7 月 2 日

核算单位：[001]北京明基设备制造有限公司　　第0005号 - 0001/0001

摘　　要	会　计　科　目	借方金额	贷方金额
周敬飞购办公用品	管理费用/办公费	1,560.00	
周敬飞购办公用品	库存现金		1,560.00
附单据数　2　张	合计　壹仟伍佰陆拾元整	1,560.00	1,560.00

财务主管：　记账：周磊　复核：马英　出纳：　制单：demo　经办人：

业务6：购买标准件

2016年7月2日，经领导批准，刘一男为工厂购买标准件一批3 400.00元。

北京增值税专用发票

1100104140　　　　NO 21025876

1100104140
NO 21025876

发票联

开票日期：2016年7月2日

购买方	名　　称：北京明基设备制造有限公司 纳税人识别号：65896325LKJHGYUI56 地 址、电 话：北京市海淀区联想桥青云当代大厦4-1 36548963 开户行及账号：中国建设银行北京中山支行21201501200053025041	密码区	6877789*&^*(&%45*&^)(*&*(%(6^^#%#@#$@342vkh%43223216+5456132415?><$#@$#+128$+151#@$@$+177@+1103+1129#@0$@#R#564816#r3w4165151@#553#$%#5+128&^#$&^3515618651*^%651651&$

货物或应税劳务、服务名称	规格型号	单位	数量	单价	金额	税率	税额
标准件（详见明细）		批	1.00	2,905.98	2,905.98	17%	494.02
合　计					¥2,905.[illegible]		494.02
价税合计（大写）	叁仟肆佰元整				（　）		¥3,400.00

销售方	名　　称：北京五环五金商贸有限公司 纳税人识别号：365964523652354257 地 址、电 话：北京市海淀区杨二胡同336号　5696325478 开户行及账号：中国工商银行北京海淀支行 3698521478564	备注	

收款人：林强　　复核：张丽　　开票人：林强　　销售方：（章）

第三联：发票联　购买方记账凭证

北京五环五金商贸有限公司
365964523652354257
发票专用章

中国建设银行
转账支票存根
25631564
10632584

附加信息

出票日期 2016年07月02日

收款人：北京五环五金商贸有限公司

金额：¥3,400.00

用途：标准件购置款

单位主管　　会计

中国建设银行 China Construction Bank　**转账支票**

25631564
10632584

付款期限十自出票之日十天

出票日期（大写）贰零壹陆　年　零柒　月　零贰　日　　付款行名称：中国建设银行北京中山支行

收款人：北京五环五金商贸有限公司　　出票人账号：21201501200053025041

人民币（大写）	叁仟肆佰元整	亿	千	百	十	万	千	百	十	元	角	分
						¥	3	4	0	0	0	0

用途：标准件购置款　　密码：

行号：

下列款项请从
我账户内支付
出票人盖章　　王珊印　　复核：　　记账：

财务专用章

北京明基设备制造有限公司资金申请单

2016 年 7 月 2 日　　NO.006

部门：采购部　　申请项目：购买标准件

申请金额（大写）：叁仟肆佰元整　　¥ 3,400.00

请款理由：支付标准件费用

单位负责人 王珊印珊　　部门负责人 张雨齐印　　财务负责人 杨林印　　经手人 刘一男

记账凭证

本币：人民币　单位：元

2016 年 7 月 2 日

核算单位：[001]北京明基设备制造有限公司　　第0006号 - 0001/0001

摘　要	会 计 科 目	借方金额	贷方金额
刘一男购工厂用标准件一批	制造费用/物料消耗	2,905.98	
刘一男购工厂用标准件一批	应交税费/应交增值税/进项税额	494.02	
刘一男购工厂用标准件一批	银行存款/建设银行		3,400.00
附单据数　3　张	合计 叁仟肆佰元整	3,400.00	3,400.00

财务主管：　　记账：周磊　　复核：马英　　出纳：　　制单：demo　　经办人：

业务7：购买矿泉水

2016 年 7 月 2 日，经领导批准，办公室刘文胜购买矿泉水 560.00 元。

北京增值税普通发票

1100104140　　NO 21020768　　1100104140　NO 21020768

开票日期：2016年7月2日

购买方	名　　称：北京明基设备制造有限公司 纳税人识别号： 地 址、电 话： 开户行及账号：	密码区	6877789*&^*(&%45*&^)(*&*(%(6^^#%#@#$@342vkh%43223216+5456132415?><$#@$#+128$+151#@$@$+177@+1103+1129#@Q$@#R#564816#r3w4165151@#553#$%#5+128&^#$&^3515618651*^%651651&$

货物或应税劳务、服务名称	规格型号	单位	数量	单价	金额	税率	税额
矿泉水		件	8.00	67.96	543.69	3%	16.31
合　计					¥		¥16.31
价税合计（大写）	伍佰陆拾元整				（小写）		560.00

销售方	名　　称：北京扬帆办公服务有限公司 纳税人识别号：565632789136522741 地 址、电 话：北京市海淀区五五路37号　83673678 开户行及账号：中国农业银行五五路支行　12247823261288	备注	

收款人：林珊　　复核：李娜娜　　开票人：林珊　　销售方：（章）

第二联：发票联　购买方记账凭证

北京明基设备制造有限公司资金申请单

2016 年 7 月 2 日　　NO.007

部门：	办公室	申请项目：	购买矿泉水
申请金额（大写）：	伍佰陆拾元整	¥	560.00
请款理由：	支付矿泉水费		

单位负责人：王珊印　　部门负责人：李明义印　　财务负责人：杨林印　　经手人：刘文胜

记账凭证

本币：人民币　单位：元

2016 年 7 月 2 日

核算单位：[001]北京明基设备制造有限公司　　　　第0007号 - 0001/0001

摘　　要	会 计 科 目	借方金额	贷方金额
刘文胜购矿泉水	管理费用/办公费	560.00	
刘文胜购矿泉水	库存现金		560.00
附单据数　2　张	合计　伍佰陆拾元整	560.00	560.00

财务主管:　　记账: 周磊　　复核: 马英　　出纳:　　制单: demo　　经办人:

业务 8：申请出差备用金

2016 年 7 月 2 日，经领导批准，经营部刘国敏出差申请备用金 3 000.00 元。

中国建设银行 China Construction Bank

电 汇 凭 证 No25635840

币别： 2016年 7月2日 流水号：

汇款方式		☑普通 ☐加急			
汇款人	全 称	北京明基设备制造有限公司	收款人	全 称	刘国敏
	账 号	21201501200053025041		账 号	6220217185428856325
	汇出行名称	中国建设银行北京中山支行		汇入行名称	中国工商银行北京朝阳支行
金额	（大写）叁仟元整			亿千百十万千百十元角分	¥300000
			支付密码		
			附加信息及用途	出差备用金	
					客户签章

第二联 客户回单

（印章：中国建设银行北京中山支行 2016.7.2 转帐 转讫）

会计主管 授权 复核 录入

北京明基设备制造有限公司

备用金申请单

申请部门：经营部			申请日期：2016年7月2日	
申请人员明细	姓名	职位	申请金额	申请用途
	刘国敏	职员	3 000	差旅费

申请金额合计：¥3,000.00（小写金额） 叁仟元整 （人民币大写）

（大写示例：壹、贰、叁、肆、伍、陆、柒、捌、玖、拾、佰、仟、万、元、角、分、零、整）

支付方式：

☐ 现金 领款人签字：

■ 银行转账 收款人：

开户行：

银行账号：

申请部门/负责人（签署部门意见）：同意

部门主管/经理审批：（印：习城印）	财务部核准：（印：杨林印）	高级运营经理审批：（印：王珊印）
2016 年 7 月 2 日	2016 年 7 月 2 日	2016 年 7 月 2 日

北京明基设备制造有限公司资金申请单

2016年 7 月 2日　　NO.008

部门：经营部　　申请项目：出差备用金

申请金额（大写）：叁仟元整　　¥ 3,000.00

请款理由：支付出差备用金

单位负责人：珊王印珊　　部门负责人：辉张印光　　财务负责人：杨林印　　经手人：刘国敏

记账凭证

本币：人民币　单位：元

2016 年 7 月 2 日

核算单位：[001]北京明基设备制造有限公司　　第0008号 － 0001/0001

摘　　要	会　计　科　目	借方金额	贷方金额
经营部刘国敏请出差备用金	其他应收款/刘国敏	3,000.00	
经营部刘国敏请出差备用金	银行存款/建设银行		3,000.00
附单据数　3　张	合计 叁仟元整	3,000.00	3,000.00

财务主管：　记账：周磊　复核：马英　出纳：　制单：demo　经办人：

业务9：入库减震弹簧

2016年7月2日，冲回6月30日办理暂估入库减震弹簧20套，金额5 982.91元。

北京明基设备制造有限公司

入 库 单

产品名称：减震弹簧　　2016年7月2日　　单号：4343501

名称	规格	单位	数量	单价	金额	备注
减震弹簧		套	-20	299.15	-5,982.91	
合计金额（大写）	负伍仟玖佰捌拾贰元玖角壹分				小写：-5,982.91	

主管 张辉　　会计 周磊　　保管员 李纳　　经手人 王力

记账凭证

本币：人民币　单位：元

2016年 7 月 2 日

核算单位：[001]北京明基设备制造有限公司　　第0009号 - 0001/0001

摘 要	会 计 科 目	借方金额	贷方金额
冲上月办理暂估入库	原材料/外购件/减震弹簧	-5,982.91	
冲上月办理暂估入库 2016.07.02	应付账款 江苏金亿工业弹簧厂（暂估）		-5,982.91
附单据数 1 张	合计 负伍仟玖佰捌拾贰元玖角壹分	-5,982.91	-5,982.91

财务主管：　　记账：周磊　　复核：马英　　出纳：　　制单：demo　　经办人：

业务10：报销业务招待费

2016年7月2日，经领导批准，经营部蔡洪亮招待北京中才节能公司业务人员，报销业务招待费3 650.00元。

中国建设银行
转账支票存根
25631570
10632588

附加信息

出票日期 2016年07月02日

收款人：北京格林新豪泰酒店

金额：¥3,650.00

用途：招待费

单位主管　　会计

中国建设银行 China Construction Bank　转账支票　25631570　10632588

出票日期（大写）贰零壹陆 年 零柒 月 零贰 日　付款行名称：中国建设银行北京中山支行

收款人：北京格林新豪泰酒店　出票人账号：21201501200053025041

付款期限自出票之日十天

人民币（大写）	亿	千	百	十	万	千	百	十	元	角	分
叁仟陆佰伍拾元整					¥	3	6	5	0	0	0

用途：招待费　密码：

行号：

下列款项请从
我账户内支付
出票人盖章　　　复核：　　记账：

北京增值税普通发票

1100104140　NO 59625176　1100104140　NO 59625176

发票联

开票日期：2016年7月2日

购买方	名　　称：北京明基设备制造有限公司 纳税人识别号： 地 址、电 话： 开户行及账号：
密码区	6877789*&^*(&%45*&^)(*&*(%(6^^#%#@#$@342vkh%43223216+5456132415?><$#@$#+128$+151#@$@$+177@+1103+1129#@Q$@#R#564816#r3w4165151@#553#$%#5+128&^#$&^3515618651*^%651651&$

货物或应税劳务、服务名称	规格型号	单位	数量	单价	金额	税率	税额
餐费			1.00	3,443.40	3,443.40	6%	206.60
合　计					¥3,443.40		¥206.60
价税合计（大写）	叁仟陆佰伍拾元整						¥3,650.00

销售方	名　　称：北京格林新豪泰酒店 纳税人识别号：5346327661361227 地 址、电 话：北京市海淀区纳米大厦　83646666 开户行及账号：中国工商银行高新支行　10007823261254
备注	

收款人：宋佳　复核：李强　开票人：宋佳　销售方：（章）

第二联：发票联　购买方记账凭证

北京明基设备制造有限公司资金申请单

2016 年 7 月 2 日　　　　NO.010

部门：经营部　　　　申请项目：报销业务招待费

申请金额（大写）：叁仟陆佰伍拾元整　　¥ 3,650.00

请款理由：支付招待北京中才节能公司业务人员招待费

单位负责人：珊王印珊　　部门负责人：辉张印光　　财务负责人：杨林印　　经手人：蔡洪亮

记账凭证

本币：人民币　单位：元

2016 年 7 月 2 日

核算单位：[001]北京明基设备制造有限公司　　　　第0010号 - 0001/0001

摘　要	会 计 科 目	借方金额	贷方金额
蔡洪亮报招待费	销售费用/业务招待费	3, 650. 00	
蔡洪亮报招待费	银行存款/建设银行		3, 650. 00
附单据数 3 张	合计 叁仟陆佰伍拾元整	3, 650. 00	3, 650. 00

财务主管：　　记账：周磊　　复核：马英　　出纳：　　制单：demo　　经办人：

业务 11：支付减速机款

2016 年 7 月 2 日，经领导批准，支付北京万鑫减速机有限公司减速机款 650 000.00 元。

中国建设银行 China Construction Bank

电汇凭证　　No25635863

币别：　　2016年 7月2日　　流水号：

汇款方式		✓普通　□加急			
汇款人	全　称	北京明基设备制造有限公司	收款人	全　称	北京万鑫减速机有限公司
	账　号	21201501200053025041		账　号	625354789652147896
	汇出行名称	中国建设银行北京中山支行		汇入行名称	中国工商银行北京支行
金额	（大写）陆拾伍万元整				亿千百十万千百十元角分：¥65000000
			支付密码		
			附加信息及用途：减速机款		
					客户签章

会计主管　　授权　　复核　　录入

第二联　客户回单

（印章：中国建设银行北京中山支行 2016.7.2 转帐 转讫）

北京明基设备制造有限公司资金申请单

2016 年 7 月 2 日　　NO.011

部门：采购部　　申请项目：减速机费用

申请金额（大写）：陆拾伍万元整　　¥ 650,000.00

请款理由：支付北京万鑫减速机有限公司减速机款

单位负责人：王珊印　　部门负责人：张雨齐印　　财务负责人：杨林印　　经手人：张天

记账凭证

本币：人民币　单位：元

2016 年 7 月 2 日

核算单位：[001]北京明基设备制造有限公司　　第0011号 - 0001/0001

摘　要	会 计 科 目	借方金额	贷方金额
付万鑫减速机款	应付账款　北京万鑫减速机有限公司	650,000.00	
付万鑫减速机款	银行存款/建设银行		650,000.00
附单据数　2　张	合计　陆拾伍万元整	650,000.00	650,000.00

财务主管：　记账：周磊　复核：马英　出纳：　制单：demo　经办人：

业务 12：收到预付款

2016 年 7 月 6 日，收到北京中才节能焦化有限公司的预付款 1 080 000.00 元。

<table>
<tr><th colspan="6">中国建设银行网上银行电子回单</th></tr>
<tr><td>货币</td><td>人民币</td><td>日期：　2016-7-6</td><td>凭证号</td><td></td><td>交易流水号</td></tr>
<tr><td rowspan="3">付款人</td><td>全称</td><td>北京中才节能焦化有限公司</td><td rowspan="3">收款人</td><td>全称</td><td>北京明基设备制造有限公司</td></tr>
<tr><td>账号</td><td>6226785215654525</td><td>账号</td><td>21201501200053025041</td></tr>
<tr><td>开户行</td><td>中国工商银行北京双桥支行</td><td>开户行</td><td>中国建设银行北京中山支行</td></tr>
<tr><td>大写金额</td><td colspan="2">壹佰零捌万元整</td><td>小写金额</td><td colspan="2">1,080,000.00</td></tr>
<tr><td>用途</td><td colspan="3">预付款</td><td colspan="2" rowspan="4">中国建设银行 电子回单专用章</td></tr>
<tr><td>钞汇标志</td><td colspan="3">钞户</td></tr>
<tr><td colspan="4">重要提示：电子回单可重复打印，如您已通过银行柜台取得相应纸质回单，请注意核对，勿重复记账。</td></tr>
<tr><td colspan="4">第一次补打</td></tr>
</table>

记账凭证

本币：人民币　单位：元

2016 年 7 月 6 日

核算单位：[001]北京明基设备制造有限公司　　第0012号 - 0001/0001

摘　要	会　计　科　目	借方金额	贷方金额
收中才节能预付款	银行存款/建设银行	1,080,000.00	
收中才节能预付款	预收账款　北京中才节能焦化有限公司		1,080,000.00
附单据数　1　张	合计　壹佰零捌万元整	1,080,000.00	1,080,000.00

财务主管：　记账：周磊　复核：马英　出纳：　制单：demo　经办人：

业务 13：申请出差备用金

2016 年 7 月 6 日，经营部刘军去上海宝钢跟踪焦化项目，经领导批准，申请出差备用金 5 000.00 元。

中国建设银行 China Construction Bank

电 汇 凭 证　　No25635896

币别：　　2016年 7月6日　　流水号：

汇款方式		☑普通　　☐加急			
汇款人	全　称	北京明基设备制造有限公司	收款人	全　称	刘军
	账　号	21201501200053025041		账　号	6325489652354215632
	汇出行名称	中国建设银行北京中山支行		汇入行名称	中国工商银行北京朝阳支行
金额	（大写）伍仟元整			亿千百十万千百十元角分	¥500000
			支付密码		
			附加信息及用途：出差备用金		
					客户签章

会计主管　　授权　　复核　　录入

第二联　客户回单

北京明基设备制造有限公司

备用金申请单

申请部门：经营部			申请日期：2016年7月6日	
申请人员明细	姓名	职位	申请金额	申请用途
	刘军	职员	5 000	差旅费

申请金额合计：¥5,000.00（小写金额）　伍仟元整（人民币大写）

（大写示例：壹、贰、叁、肆、伍、陆、柒、捌、玖、拾、佰、仟、万、元、角、分、零、整）

支付方式：

☐ 现金　　领款人签字：

■ 银行转账　　收款人：

开户行：

银行账号：

申请部门/负责人（签署部门意见）：同意

部门主管/经理审批：习城印	财务部核准：杨林印	高级运营经理审批：王珊印
2016 年 7 月 6 日	2016 年 7 月 6 日	2016 年 7 月 6 日

北京明基设备制造有限公司资金申请单

2016年 7 月 6 日　　　　NO.013

部门：经营部　　　　申请项目：出差备用金

申请金额（大写）：伍仟元整　　　　¥ 5,000.00

请款理由：支付上海宝钢跟踪焦化项目出差备用金

单位负责人：王珊印　　部门负责人：张光辉印　　财务负责人：杨林印　　经手人：刘军

记账凭证

本币：人民币　单位：元

2016年 7 月 6 日

核算单位：[001]北京明基设备制造有限公司　　　　第0013号 - 0001/0001

摘　要	会　计　科　目	借方金额	贷方金额
经营部刘军请出差备用金	其他应收款/刘军	5,000.00	
经营部刘军请出差备用金	银行存款/建设银行		5,000.00
附单据数　3　张	合计　伍仟元整	5,000.00	5,000.00

财务主管：　　记账：周磊　　复核：马英　　出纳：　　制单：demo　　经办人：

业务 14：采购轴箱体

2016 年 7 月 6 日，6 月份采购的辽宁省机械制造有限公司轴箱体 20 套到货，验收合格办理入库。

北京明基设备制造有限公司

入　库　单

产品名称：轴箱体　　2016年7月6日　　单号：4343525

名称	规格	单位	数量	单价	金额	备注
轴箱体		套	20	1, 709. 40	34, 188. 03	
合计金额（大写）	叁万肆仟壹佰捌拾捌元零叁分				小写：34, 188. 03	

主管　张辉　　会计　周磊　　保管员 李纳　　经手人　王力

记账凭证

本币：人民币　单位：元

2016 年 7 月 6 日

核算单位：[001]北京明基设备制造有限公司　　第0014号 - 0001/0001

摘　要	会　计　科　目	借方金额	贷方金额
轴箱体到货入库	原材料/外购件/轴箱体	34, 188. 03	
轴箱体到货入库	在途物资/外购件/轴箱体		34, 188. 03
附单据数　1　张	合计　叁万肆仟壹佰捌拾捌元零角叁分	34, 188. 03	34, 188. 03

财务主管:　　记账: 周磊　　复核: 马英　　出纳:　　制单: demo　　经办人:

业务 15：采购钢材

2016 年 7 月 6 日，采购钢材 200 吨，含税价 3 200.00 元/吨，金额 640 000.00 元。

北京明基设备制造有限公司

入 库 单

产品名称：钢材　　　　2016年7月6日　　　　单号：4343526

名称	规格	单位	数量	单价	金额	备注
钢材		吨	200	2,735.04	547,008.55	
合计金额（大写）	伍拾肆万柒仟零捌元伍角伍分				小写：547,008.55	

主管　张辉　　　会计　周磊　　　保管员　李纳　　　经手人　王力

1100104140　**北京增值税专用发票**　NO 11025886　1100104140　NO 11025886

开票日期：2016年7月6日

购买方	名　　称：北京明基设备制造有限公司 纳税人识别号：65896325LKJHGYUI56 地 址、电 话：北京市海淀区联想桥青云当代大厦4-1 36548963 开户行及账号：中国建设银行北京中山支行21201501200053025041
密码区	6877789*&^*(&%45*&^)(*&*(%(6^^#%#@#$@342vkh%43223216+5456132415?><$#@$#+128$+151#@$@$+177@+1103+1129#@Q$@#R#564816#r3w4165151@#553#$%#5+128&^#$&^3515618651*^%651651&$

货物或应税劳务、服务名称	规格型号	单位	数量	单价	金额	税率	税额
钢材		吨	200.00	2,735.04	547,008.55	17%	92,991.45
合　　计					¥ 547,008.55		¥ 92,991.45
价税合计（大写）	陆拾肆万元整				（小写）¥ 640,000.00		

销售方	名　　称：北京新顺钢材有限公司 纳税人识别号：110351896221630 地 址、电 话：北京市海淀区工业大厦A座 1897296 开户行及账号：中国建设银行北京海淀分行 110153587	备注

收款人：林峰　　复核：王东　　开票人：林峰　　销售方：（章）

第三联：发票联　购买方记账凭证

记账凭证

本币：人民币 单位：元

2016 年 7 月 6 日

核算单位：[001]北京明基设备制造有限公司 第0015号 - 0001/0001

摘　　要	会　计　科　目	借方金额	贷方金额
采购钢材200吨	原材料/钢材	547,008.55	
采购钢材200吨	应交税费/应交增值税/进项税额	92,991.45	
采购钢材200吨	银行存款/建设银行		640,000.00
附单据数 2 张	合计 陆拾肆万元整	640,000.00	640,000.00

财务主管: 记账: 周磊 复核: 马英 出纳: 制单: demo 经办人:

业务 16：支付液压缓冲器款

2016 年 7 月 8 日，经领导批准，支付沈阳航空设备制造有限公司液压缓冲器款 12 400.00 元。

中国建设银行 China Construction Bank

电汇凭证

No256358456

币别：　　　　2016年 7月8日　　　　流水号：

汇款方式	☑普通　　☐加急				
汇款人	全　称	北京明基设备制造有限公司	收款人	全　称	沈阳航空设备制造有限公司
	账　号	21201501200053025041		账　号	45236854123658565
	汇出行名称	中国建设银行北京中山支行		汇入行名称	中国建设银行沈阳铁路支行
金额	（大写）壹万贰仟肆佰元整				亿 千 百 十 万 千 百 十 元 角 分 ¥ 1 2 4 0 0 0 0
			支付密码		
			附加信息及用途：液压缓冲器款		
			客户签章		

会计主管　　授权　　复核　　录入

第二联　客户回单

（印章：中国建设银行北京中山支行 转帐 转讫）

北京明基设备制造有限公司资金申请单

2016 年 7 月 8 日　　NO.016

部门：采购部　　申请项目：液压缓冲器款

申请金额（大写）：壹万贰仟肆佰元整　¥ 12,400.00

请款理由：支付沈阳航空设备制造有限公司液压缓冲器款

单位负责人：王珊（印）　部门负责人：张雨（印）　财务负责人：杨林（印）　经手人：张天

记账凭证

本币：人民币　单位：元

2016 年 7 月 8 日

核算单位：[001]北京明基设备制造有限公司　　第0016号 - 0001/0001

摘　　要	会 计 科 目	借方金额	贷方金额
付液压缓冲器款	应付账款　沈阳航空设备制造有限公司	12,400.00	
付液压缓冲器款	银行存款/建设银行		12,400.00
附单据数　2　张	合计　壹万贰仟肆佰元整	12,400.00	12,400.00

财务主管：　记账：周磊　复核：马英　出纳：　制单：demo　经办人：

业务 17：支付电机款

2016 年 7 月 8 日，经领导批准，支付长春大川电机股份有限公司电机款 310 000.00 元。

中国建设银行 China Construction Bank

电 汇 凭 证

No256358423

币别：　　2016年 7月8日　　流水号：

汇款方式	✓普通　□加急				
汇款人	全称	北京明基设备制造有限公司	收款人	全称	长春大川电机股份有限公司
	账号	21201501200053025041		账号	2563589741256354
	汇出行名称	中国建设银行北京中山支行		汇入行名称	中国人民银行大众支行
金额	（大写）叁拾壹万元整				¥31000000
			支付密码		
			附加信息及用途：电机款		
			客户签章		

会计主管　　授权　　复核　　录入

第二联 客户回单

中国建设银行北京中山支行 2016.7.8 转帐 转讫

北京明基设备制造有限公司资金申请单

2016 年 7 月 8 日　　NO.017

部门：采购部　　申请项目：电机款

申请金额（大写）：叁拾壹万元整　　¥ 310,000.00

请款理由：支付长春大川电机股份有限公司电机款

单位负责人：王珊印　　部门负责人：张雨印　　财务负责人：杨林印　　经手人：张天

记账凭证

本币：人民币　单位：元

2016 年 7 月 8 日

核算单位：[001]北京明基设备制造有限公司　　　　第0017号 - 0001/0001

摘　　要	会　计　科　目	借方金额	贷方金额
付电机款	应付账款　长春市大川电机股份有限公司	310,000.00	
付电机款	银行存款/建设银行		310,000.00
附单据数　2　张	合计　叁拾壹万元整	310,000.00	310,000.00

财务主管：　　记账：周磊　　复核：马英　　出纳：　　制单：demo　　经办人：

业务 18：发放 6 月份工资

2016 年 7 月 10 日，经领导批准，发放 6 月份工资 111 976.32 元。

中国建设银行网上银行电子回单							
货币	人民币	日期:	2016-7-10	凭证号		交易流水号	
付款人	全称	北京明基设备制造有限公司		收款人	全称		
	账号	21201501200053025041			账号		
	开户行	中国建设银行北京中山支行			开户行		
大写金额	壹拾壹万壹仟玖佰柒拾陆元叁角贰分			小写金额	111,976.32		
用途	代发工资						
钞汇标志	钞户						
重要提示：电子回单可重复打印，如您已通过银行柜台取得相应纸质回单，请注意核对，勿重复记账。							
第一次补打							

中国建设银行 电子回单 专用章

北京明基设备制造有限公司资金申请单

2016 年 7 月 10 日 NO.018

部门：财务部　　申请项目：工资

申请金额（大写）：壹拾壹万壹仟玖佰柒拾陆元叁角贰分　¥ 111,976.32

请款理由：支付6月份工资

单位负责人：王珊印　　部门负责人：　　财务负责人：杨林印　　经手人：周磊

记账凭证

本币：人民币　单位：元

2016 年 7 月 10 日

核算单位：[001]北京明基设备制造有限公司　　第0018号 - 0001/0001

摘　要	会　计　科　目	借方金额	贷方金额
发放6月份工资	应付职工薪酬/工资	111,976.32	
发放6月份工资	银行存款/建设银行		111,976.32
附单据数　2　张	合计　壹拾壹万壹仟玖佰柒拾陆元叁角贰分	111,976.32	111,976.32

财务主管：　记账：周磊　复核：马英　出纳：　制单：demo　经办人：

业务 19：缴纳代扣个人所得税

2016 年 7 月 10 日，缴纳代扣个人所得税 4 978.89 元。

中华人民共和国
税收完税证明

地

（101）京地证 25789666

填发日期：2016年7月10日 税务机关：北京市海淀区工业园分局

纳税人识别号	65896325LKJHGYUI56			纳税人名称：北京明基设备制造有限公司	
原凭证号	税种	品目名称	税款所属时期	入（退）库时期	实缴（退）金额
	个人所得税	个人所得	2016年6月1日~2016年6月30日		4,978.89
金额合计	（大写）肆仟玖佰柒拾捌元捌角玖分				
税务机关（盖章）		填票人 李冬梅	备注：应征凭证序号：215789541203653254 系统税票号码：5210247993254105214 工业园分局 015789652		

妥善保管、手写无效

第一联（收据）交纳税人作完税证明

印章：北京市地方税务局 征税专用章；中国建设银行北京中山支行 2016.7.10 转帐 转讫

记账凭证

本币：人民币 单位：元

2016 年 7 月 10 日

核算单位：[001]北京明基设备制造有限公司

第0019号 - 0001/0001

摘 要	会 计 科 目	借方金额	贷方金额
代缴个人所得税	应交税费/应交个人所得税	4,978.89	
代缴个人所得税	银行存款/建设银行		4,978.89
附单据数 1 张	合计 肆仟玖佰柒拾捌元捌角玖分	4,978.89	4,978.89

财务主管： 记账：周磊 复核：马英 出纳： 制单：demo 经办人：

业务 20：缴纳职工基本社会保险费

2016 年 7 月 10 日，缴纳职工基本社会保险费 37 320.69 元。

中华人民共和国
税收完税证明　　地
(101) 京地证 25789668

填发日期：2016年7月10日　税务机关：北京市海淀区工业园分局

纳税人识别号	65896325LKJHGYUI56			纳税人名称：北京明基设备制造有限公司	
原凭证号	税种	品目名称	税款所属时期	入（退）库时期	实缴（退）金额
	社会保险	职工社会保险费	2016年7月1日~2016年7月31日		37,320.69
金额合计	（大写）叁万柒仟叁佰贰拾元陆角玖分				
税务机关（盖章）	填票人 李冬梅	备注：应征凭证序号：215789541203653256 系统税票号码：5210247993254105248 工业园分局 015789652			

第一联（收据）交纳税人作完税证明

妥善保管、手写无效

记账凭证

本币：人民币　单位：元

2016 年 7 月 10 日

核算单位：[001]北京明基设备制造有限公司　　第0020号 - 0001/0001

摘　要	会计科目	借方金额	贷方金额
缴纳职工社会保险费	其他应收款/职工社会保险费	9,217.21	
缴纳职工社会保险费	销售费用/社会保险费	7,025.87	
缴纳职工社会保险费	管理费用/社会保险费	9,836.22	
缴纳职工社会保险费	制造费用/社会保险费	11,241.39	
缴纳职工社会保险费	银行存款/建设银行		37,320.69
附单据数　1　张	合计　叁万柒仟叁佰贰拾元陆角玖分	37,320.69	37,320.69

财务主管：　记账：周磊　复核：马英　出纳：　制单：demo　经办人：

业务 21：缴纳购销合同印花税

2016 年 7 月 10 日，缴纳购销合同印花税 1 300.38 元。

中华人民共和国
税收完税证明　　地
（101）京地证 25789669

填发日期：2016年7月10日　税务机关：北京市海淀区工业园分局

纳税人识别号	65896325LKJHGYU15			纳税人名称：北京明基设备制造有限公司	
原凭证号	税种	品目名称	税款所属时期	入（退）库时期	实缴（退）金额
	印花税	购销合同印花税	2016年6月1日~2016年6月30日		1,300.38
金额合计	（大写）壹仟叁佰元叁角捌分				
税务机关（盖章）		填票人 李冬梅	备注：应征凭证序号：215789541203653257 系统税票号码：5210247993254105249 工业园分局 015789652		

妥善保管、手写无效

第一联（收据）交纳税人作完税证明

记账凭证

本币：人民币　单位：元

2016 年 7 月 10 日

核算单位：[001]北京明基设备制造有限公司　　第0021号 - 0001/0001

摘　要	会 计 科 目	借方金额	贷方金额
缴纳印花税	管理费用/印花税	1,300.38	
缴纳印花税	银行存款/建设银行		1,300.38
附单据数 1 张	合计 壹仟叁佰元叁角捌分	1,300.38	1,300.38

财务主管：　记账：周磊　复核：马英　出纳：　制单：demo　经办人：

业务 22：采购耐热板

2016 年 7 月 10 日，从济南铁合金有限公司采购耐热板 380 块，重量 23 吨，含税价 4 800.00 元/吨，金额 110 400.00 元，耐热板到货，验收合格办理入库。

山东增值税专用发票

4125632584　　　　发票联　　　　NO 59625810

4125632584
NO 59625810
开票日期：2016年7月10日

购买方	名　　称：北京明基设备制造有限公司 纳税人识别号：65896325LKJHGYUI56 地 址、电 话：北京市海淀区联想桥青云当代大厦4-1 36548963 开户行及账号：中国建设银行北京中山支行21201501200053025041	密码区	6877789*&^*(&%45*&^)(*&*(%(6^^#%#@#$@342vkh%43223216+5456132415?><$#@$#+128$+151#@$@$+177@+1103+1129#@Q$@#R#564816#r3w4165151@#553#$%#5+128&^#$&^3515618651*^%651651&$

货物或应税劳务、服务名称	规格型号	单位	数量	单价	金额	税率	税额
耐热板		吨	23.00	4,102.56	94,358.97	17%	16,041.03
合　计					¥ 94,3[illegible]		16,041.03
价税合计（大写）	壹拾壹万零肆佰元整				[illegible]写）		110,400.00

销售方	名　　称：济南铁合金有限公司 纳税人识别号：855456852332887 地 址、电 话：济南市历下区定解放路06号　532154810 开户行及账号：中国工商银行济南历下支行 62202185359886	备注	济南铁合金有限公司 855456852332887 发票专用章

收款人：林佳　　复核：王瑞　　开票人：林佳　　销售方：（章）

第三联：发票联　购买方记账凭证

北京明基设备制造有限公司

入　库　单

产品名称：耐热板　　　　2016年7月10日　　　　单号：43435156

名称	规格	单位	数量	单价	金额	备注
耐热板		吨	23	4,102.56	94,358.97	
合计金额（大写）	玖万肆仟叁佰伍拾捌元玖角柒分				小写：94,358.97	

主管　张辉　　会计　周磊　　保管员 李纳　　经手人　王力

记账凭证

本币：人民币 单位：元

2016年 7 月 10日

核算单位：[001]北京明基设备制造有限公司 第0022号 - 0001/0001

摘 要	会 计 科 目	借方金额	贷方金额
购耐热版23吨	原材料/外购件/耐热版	94,358.97	
购耐热版23吨	应交税费/应交增值税/进项税额	16,041.03	
购耐热版23吨	应付账款 济南铁合金有限公司		110,400.00
附单据数 2 张	合计 壹拾壹万零肆佰元整	110,400.00	110,400.00

财务主管： 记账：周磊 复核：马英 出纳： 制单：demo 经办人：

业务 23：采购减震弹簧

2016 年 7 月 10 日，收到 6 月份从江苏金亿工业弹簧厂采购的减震弹簧 20 套，金额 7 000.00 元，取得增值税专用发票。

江苏增值税专用发票

325145693　　NO 59625820　　325145693　NO 59625820

开票日期：2016年7月10日

购买方	名　　称：北京明基设备制造有限公司 纳税人识别号：65896325LKJHGYUI56 地 址、电 话：北京市海淀区联想桥青云当代大厦4-1 36548963 开户行及账号：中国建设银行北京中山支行21201501200053025041	密码区	6877789*&^*(&%45*&^)(*&*(%(6^^#%#@#$@342vkh%43223216+5456132415?><$#@$#+128$+151#@$@$+177@+1103+1129#@Q$@#R#564816#r3w4165151@#553#$%#5+128&^#$&^3515618651*^%651651&$

货物或应税劳务、服务名称	规格型号	单位	数量	单价	金额	税率	税额
减震弹簧		套	20.00	299.15	5,982.91	17%	1,017.09
合　　计					¥　5,982.91		¥　1,017.09
价税合计（大写）	柒仟元整						¥　7,000.00

销售方	名　　称：江苏金亿工业弹簧厂 纳税人识别号：754886685412323 地 址、电 话：江苏省南京市江宁区定竹山路15号85632145 开户行及账号：中国工商银行南京江宁支行 85562145789866	备注	

收款人：张天　　复核：崔月　　开票人：张天　　销售方：（章）

第三联：发票联　购买方记账凭证

北京明基设备制造有限公司

入　库　单

产品名称：减震弹簧　　2016年7月10日　　单号：43435156

名称	规格	单位	数量	单价	金额	备注
减震弹簧		吨	20	299.15	5,982.91	
合计金额（大写）	伍仟玖佰捌拾贰元玖角壹分				小写：5,982.91	

主管　张辉　　会计　周磊　　保管员 李纳　　经手人　王力

记账凭证

本币：人民币 单位：元

2016 年 7 月 10 日

核算单位：[001]北京明基设备制造有限公司 第0023号 - 0001/0001

摘要	会计科目	借方金额	贷方金额
购减震弹簧	原材料/外购件/减震弹簧	5,982.91	
购减震弹簧	应交税费/应交增值税/进项税额	1,017.09	
购减震弹簧	应付账款 江苏金亿工业弹簧厂		7,000.00
附单据数 2 张	合计 柒仟元整	7,000.00	7,000.00

财务主管： 记账：周磊 复核：马英 出纳： 制单：demo 经办人：

业务 24：支付减震弹簧款

2016 年 7 月 12 日，经领导批准，支付江苏金亿工业弹簧厂减震弹簧款 7 000.00 元。

中国建设银行 China Construction Bank

电 汇 凭 证　　No256358463

币别：　　2016年 7月12日　　流水号：

汇款方式	✓普通　□加急			
汇款人 全称	北京明基设备制造有限公司	收款人	全称	江苏金亿工业弹簧厂
账号	21201501200053025041		账号	85562145789866
汇出行名称	中国建设银行北京中山支行		汇入行名称	中国工商银行南京江宁支行
金额	（大写）柒仟元整			

亿	千	百	十	万	千	百	十	元	角	分
				¥	7	0	0	0	0	0

支付密码

附加信息及用途：减震弹簧款

中国建设银行北京中山支行 转帐 转讫

客户签章

第二联 客户回单

会计主管　　授权　　复核　　录入

北京明基设备制造有限公司资金申请单

2016 年 7 月 12 日　　NO.024

部门：采购部　　申请项目：减震弹簧款

申请金额（大写）：柒仟元整　　¥ 7,000.00

请款理由：支付江苏金亿工业弹簧厂减震弹簧款

单位负责人：王珊印　　部门负责人：张雨齐印　　财务负责人：杨林印　　经手人：张天

记账凭证

本币：人民币 单位：元

====================

2016 年 7 月 12 日

核算单位：[001]北京明基设备制造有限公司 第0024号 - 0001/0001

摘 要	会 计 科 目	借方金额	贷方金额
付减震弹簧款	应付账款 江苏金亿工业弹簧厂	7,000.00	
付减震弹簧款	银行存款/建设银行		7,000.00
附单据数 2 张	合计 柒仟元整	7,000.00	7,000.00

财务主管： 记账：周磊 复核：马英 出纳： 制单：demo 经办人：

业务 25：支付储气罐款

2016 年 7 月 12 日，经领导批准，支付双峰压力容器（青岛）有限公司储气罐款 38 000.00 元。

中国建设银行 China Construction Bank

电汇凭证

No256358486

币别：　　　　2016年 7月12日　　　　流水号：

汇款方式		☑普通　☐加急			
汇款人	全　称	北京明基设备制造有限公司	收款人	全　称	双峰压力容器（青岛）有限公司
	账　号	21201501200053025041		账　号	4523652148545236
	汇出行名称	中国建设银行北京中山支行		汇入行名称	中国工商银行青岛支行
金额	（大写）叁万捌仟元整			亿千百十万千百十元角分	¥3800000
				支付密码	
				附加信息及用途	储气罐款
					客户签章

会计主管　　授权　　复核　　录入

第二联　客户回单

（印章：中国建设银行北京中山支行 2016.7.12 转帐 转讫）

北京明基设备制造有限公司资金申请单

2016 年 7 月 12 日　　NO.025

部门：采购部　　申请项目：储气罐款

申请金额（大写）：叁万捌仟元整　　¥ 38,000.00

请款理由：支付双峰压力容器（青岛）有限公司储气罐款

单位负责人：王珊印　　部门负责人：张雨齐印　　财务负责人：杨林印　　经手人：张天

记账凭证

本币：人民币 单位：元

2016 年 7 月 12 日

核算单位：[001]北京明基设备制造有限公司　　　　第0025号 - 0001/0001

摘 要	会 计 科 目	借方金额	贷方金额
付储气罐款	应付账款 双峰压力容器（青岛）有限公司	38,000.00	
付储气罐款	银行存款/建设银行		38,000.00
附单据数 2 张	合计 叁万捌仟元整	38,000.00	38,000.00

财务主管：　记账：周磊　复核：马英　出纳：　制单：demo　经办人：

业务 26：购买梯踏板

2016 年 7 月 12 日，从北京海洋钢格板制造有限公司购买梯踏板 40 个，含税价 385.00 元/个，金额 15 400.00 元，梯踏板到货，检验合格验收入库。

北京增值税专用发票

1100104140　　NO 36321586　　1100104140　NO 36321586

开票日期：2016年7月12日

购买方	名　　称：北京明基设备制造有限公司 纳税人识别号：65896325LKJHGYUI56 地 址、电 话：北京市海淀区联想桥青云当代大厦4-1 36548963 开户行及账号：中国建设银行北京中山支行21201501200053025041	密码区	6877789*&^*(&%45*&^)(*&*(%(6^^#%#@#$@342vkh%43223216+5456132415?><$#@$#+128$+151#@$@$+177@+1103+1129#@Q$@#R#564816#r3w4165151@#553#$%#5+128&^#$&^3515618651*^%651651&$

货物或应税劳务、服务名称	规格型号	单位	数量	单价	金额	税率	税额
踏板		个	40.00	329.06	13,162.40	17%	2,237.61
合　　计					¥13[illegible]		¥2,237.61
价税合计（大写）	壹万伍仟肆佰元整				（小写）		¥15,400.00

销售方	名　　称：北京海洋钢格板制造有限公司 纳税人识别号：354885665214569 地 址、电 话：北京市大兴区定大兴庄乡10号　63584785 开户行及账号：中国工商银行北京大兴支行　3698556855456	备注	354885665214569 发票专用章

收款人：张丽丽　　复核：　宋暖　　开票人：　张丽丽　　销售方：（章）

第三联：发票联　购买方记账凭证

北京明基设备制造有限公司

入　库　单

产品名称：梯踏板　　2016年7月12日　　单号：43435863

名称	规格	单位	数量	单价	金额	备注
梯踏板		个	40	329.06	13,162.40	
合计金额（大写）	壹万叁仟壹佰陆拾贰元肆角整				小写：13,162.40	

主管　张辉　　会计　周磊　　保管员 李纳　　经手人　王力

记账凭证

本币：人民币 单位：元

2016 年 7 月 12 日

核算单位：[001]北京明基设备制造有限公司 第0026号 - 0001/0001

摘 要	会 计 科 目	借方金额	贷方金额
购梯踏板	原材料/外购件/梯踏板	13,162.39	
购梯踏板	应交税费/应交增值税/进项税额	2,237.61	
购梯踏板	应付账款 北京海洋钢格板有限公司		15,400.00
附单据数 2 张	合计 壹万伍仟肆佰元整	15,400.00	15,400.00

财务主管： 记账：周磊 复核：马英 出纳： 制单：demo 经办人：

业务 27：采购散热器

2016 年 7 月 12 日，从北京永利电加热器有限公司采购散热器 15 台，含税价 13 000 元/台，金额 195 000.00 元，散热器到货，验收合格办理入库。

1100104140　　**北京增值税专用发票**　　NO 59625763

1100104140
NO 59625763

发票联

开票日期：2016年7月12日

购买方	名　　称：北京明基设备制造有限公司 纳税人识别号：65896325LKJHGYUI56 地 址、电 话：北京市海淀区联想桥青云当代大厦4-1 36548963 开户行及账号：中国建设银行北京中山支行21201501200053025041	密码区	6877789*&^*(&%45*&^)(*&*(%(6^^#%#@#$@342vkh%43223216+5456132415?><$#@$#+128$+151#@$@$+177@+1103+1129#@Q$@#R#564816#r3w4165151@#553#$%#5+128&^#$&^3515618651*^%651651&$

货物或应税劳务、服务名称	规格型号	单位	数量	单价	金额	税率	税额
散热器		台	15.00	11,111.11	166,666.67	17%	28,333.33
合　计					¥ 166,666		28,333.33
价税合计（大写）	壹拾玖万伍仟元整						195,000.00

销售方	名　　称：北京永利电加热器有限公司 纳税人识别号：521118478566854 地 址、电 话：北京市朝阳区朝阳路103号 65875420 开户行及账号：中国工商银行北京双桥支行 62235874565874	备注	北京永利电加热器有限公司 521118478566854 发票专用章

收款人：李宗　　复核：李哲天　　开票人：李宗　　销售方：（章）

第三联：发票联　购买方记账凭证

北京明基设备制造有限公司

入　库　单

产品名称：散热器　　2016年7月12日　　单号：43435864

名称	规格	单位	数量	单价	金额	备注
散热器		台	15	11,111.11	166,666.67	
合计金额（大写）	壹拾陆万陆仟陆佰陆拾陆元陆角柒分				小写：166,666.67	

主管　张辉　　会计　周磊　　保管员 李纳　　经手人　王力

记账凭证

本币：人民币　单位：元

2016 年 7 月 12 日

核算单位：[001]北京明基设备制造有限公司　　第0027号 - 0001/0001

摘　　要	会　计　科　目	借方金额	贷方金额
购散热器	原材料/外购件/散热器	166,666.67	
购散热器	应交税费/应交增值税/进项税额	28,333.33	
购散热器　2016.07.12	应付账款　北京永利电加热器有限公司		195,000.00
附单据数　2　张	合计　壹拾玖万伍仟元整	195,000.00	195,000.00

财务主管：　记账：周磊　复核：马英　出纳：　制单：demo　经办人：

业务 28：采购监控系统

2016 年 7 月 13 日，从北京冠林科技发展有限公司采购监控系统 5 套，含税价60 000.00 元/套，金额 300 000.00 元，验收合格办理入库。

1100104140　**北京增值税专用发票**　NO 59625693

1100104140
NO 59625693

开票日期：2016年7月13日

购买方：
名　　称：北京明基设备制造有限公司
纳税人识别号：65896325LKJHGYUI56
地 址、电 话：北京市海淀区联想桥青云当代大厦4-1 36548963
开户行及账号：中国建设银行北京中山支行21201501200053025041

密码区：6877789*&^*(&%45*&^)(*&*(%(6^^#%#@#$@342vkh%43223216+5456132415?><$#@$#+128$+151#@$@$+!77@+1103+1129#@Q$@#R#564816#r3w4165151@#553#$%#5+128&^#$&^3515618651*^%651651&$

货物或应税劳务、服务名称	规格型号	单位	数量	单价	金额	税率	税额
监控系统		套	5.00	51,282.05	256,410.26	17%	43,589.74
合　　计					¥ 25[illegible]		¥ 43,589.74
价税合计（大写）	叁拾万元整				（小写）		300,000.00

销售方：
名　　称：北京冠林科技发展有限公司
纳税人识别号：654555421887456
地 址、电 话：北京市丰台区丰台西路55号　65847213
开户行及账号：中国工商银行北京丰台支行 6220235698828

备注：

北京冠林科技发展有限公司　654555421887456　发票专用章

收款人：曹明　　复核：郭栋　　开票人：曹明　　销售方：（章）

第三联：发票联　购买方记账凭证

北京明基设备制造有限公司

入　库　单

产品名称：监控系统　　2016年7月13日　　单号：43435865

名称	规格	单位	数量	单价	金额	备注
监控系统		套	5	51,282.05	256,410.26	
合计金额（大写）	贰拾伍万陆仟肆佰壹拾元贰角陆分				小写：256,410.26	

主管　张辉　　会计　周磊　　保管员 李纳　　经手人　王力

记账凭证

本币：人民币　单位：元

2016 年 7 月 13 日

核算单位：[001]北京明基设备制造有限公司　　　　第0028号 - 0001/0001

摘　　要	会　计　科　目	借方金额	贷方金额
购监控系统	原材料/外购件/监控系统	256,410.26	
购监控系统	应交税费/应交增值税/进项税额	43,589.74	
购监控系统	应付账款　北京冠林科技发展有限公司		300,000.00
附单据数　2　张	合计　叁拾万元整	300,000.00	300,000.00

财务主管：　　记账：周磊　　复核：马英　　出纳：　　制单：demo　　经办人：

业务 29：采购高压钠灯

2016 年 7 月 13 日，从北京亚明照明工程设计有限公司采购高压钠灯 20 套，含税价 630 元/套，金额 12 600.00 元，验收合格办理入库。

1100104140 **北京增值税专用发票** NO 59625694

1100104140
NO 59625694

开票日期：2016年7月13日

购买方	名　　称：北京明基设备制造有限公司 纳税人识别号：65896325LKJHGYUI56 地 址、电 话：北京市海淀区联想桥青云当代大厦4-1 36548963 开户行及账号：中国建设银行北京中山支行21201501200053025041	密码区	6877789*&^*(&%45*&^)(*&*(%(6^^#%#@#$@342vkh%43223216+5456132415?><$#@$#+128$+151#@$@$+177@+1103+1129#@Q$@R#564816#r3w4165151@#553#$%#5+128&^#$&^3515618651*^%651651&$

货物或应税劳务、服务名称	规格型号	单位	数量	单价	金额	税率	税额
高压钠灯		套	20.00	538.46	10,769.23	17%	1,830.77
合　　计					¥ 10,769.23		¥ 1,830.77
价税合计（大写）	壹万贰仟陆佰元整						¥ 12,600.00

销售方	名　　称：北京亚明照明工程设计有限公司 纳税人识别号：788541256398985 地 址、电 话：北京市大兴区海北路55号 62125632 开户行及账号：中国工商银行北京大兴支行 62202174568255	备注	北京亚明照明工程设计有限公司 788541256398985 发票专用章

收款人：王丽丽　　复核：孟婷　　开票人：王丽丽　　销售方：（章）

第三联：发票联 购买方记账凭证

北京明基设备制造有限公司

入　库　单

产品名称：高压钠灯　　2016年7月13日　　单号：43435866

名称	规格	单位	数量	单价	金额	备注
高压钠灯		套	20	538.46	10,769.23	
合计金额（大写）	壹万零柒佰陆拾玖元贰角叁分				小写：10,769.23	

主管　张辉　　会计　周磊　　保管员　李纳　　经手人　王力

记账凭证

本币：人民币　单位：元

2016 年 7 月 13 日

核算单位：[001]北京明基设备制造有限公司　　第0029号 - 0001/0001

摘　要	会　计　科　目	借方金额	贷方金额
购高钠灯20套	原材料/外购件/高压钠灯	10,769.23	
购高钠灯20套	应交税费/应交增值税/进项税额	1,830.77	
购高钠灯20套	应付账款　北京亚明照明工程设计有限公司		12,600.00
附单据数　2　张	合计　壹万贰仟陆佰元整	12,600.00	12,600.00

财务主管：　记账：周磊　复核：马英　出纳：　制单：demo　经办人：

业务 30：采购防盗门

2016 年 7 月 13 日，从北京群升门业有限公司采购防盗门 15 套，含税价 1 560 元/套，金额 23 400 元，防盗门到货，验收合格办理入库并支付货款。

北京增值税专用发票

1100104140　　NO 59625696　　1100104140　NO 59625696

开票日期：2016年7月13日

购买方	名　　称：北京明基设备制造有限公司 纳税人识别号：65896325LKJHGYUI56 地 址、电 话：北京市海淀区联想桥青云当代大厦4-1 36548963 开户行及账号：中国建设银行北京中山支行21201501200053025041	密码区	6877789*&^*(&%45*&^)(*&*(%(6^^#%#@#$@342vkh%43223216+5456132415?><$#@$#+128$+151#@$@$+177@+1103+1129#@Q$@#R#564816#r3w4165151@#553#$%#5+128&^#$&^3515618651*^%651651&$

货物或应税劳务、服务名称	规格型号	单位	数量	单价	金额	税率	税额
防盗门		套	15.00	1,333.33	20,000.00	17%	3,400.00
合　计					¥ 20,000.00		¥ 3,400.00
价税合计（大写）	贰万叁仟肆佰元整						23,400.00

销售方	名　　称：北京群升门业有限公司 纳税人识别号：623545459875218 地 址、电 话：北京市西城区海北路30号 62138220 开户行及账号：中国工商银行北京西城支行 2202174568255	备注	北京群升门业有限公司 623545459875218 发票专用章

收款人：张凯　　复核：李培　　开票人：张凯　　销售方：（章）

第三联：发票联 购买方记账凭证

北京明基设备制造有限公司

入　库　单

产品名称：防盗门　　2016年7月13日　　单号：43435867

名称	规格	单位	数量	单价	金额	备注
防盗门		套	15	1,333.33	20,000.00	
合计金额（大写）	贰万元整			小写：20,000.00		

主管　张辉　　会计　周磊　　保管员 李纳　　经手人　王力

北京明基设备制造有限公司资金申请单

2016年 07 月 13日　　NO.030

部门：采购部　　申请项目：防盗门款

申请金额（大写）：贰万叁仟肆佰元整　　¥ 23,400.00

请款理由：购买北京群升门业有限公司的防盗门

单位负责人：珊王印珊　　部门负责人：齐张印雨　　财务负责人：印杨林　　经手人：张天

中国建设银行
转账支票存根
25631566
10632586

附加信息

出票日期 2016年07月13日

收款人：北京群升门业有限公司

金额：23 400.00

用途：采购防盗门

单位主管　　会计

中国建设银行 China Construction Bank　**转账支票**　25631566 10632586

出票日期（大写）贰零壹陆 年 零柒月 壹拾叁日　付款行名称：中国建设银行北京中山支行

收款人：北京群升门业有限公司　　出票人账号：212015012000053025041

付款期限自出票之日十天

人民币（大写）	亿	千	百	十	万	千	百	十	元	角	分
贰万叁仟肆佰元整				¥	2	3	4	0	0	0	0

用途：采购防盗门　　密码：

行号：

下列款项请从
我账户内支付
出票人签章　　复核：　　记账：

北京明基设备制造有限公司 财务专用章　珊王印珊

记账凭证

本币：人民币 单位：元

2016 年 7 月 13 日

核算单位：[001]北京明基设备制造有限公司 第0030号 - 0001/0001

摘 要	会 计 科 目	借方金额	贷方金额
购防盗门15套	原材料/外购件/防盗门	20,000.00	
购防盗门15套	应交税费/应交增值税/进项税额	3,400.00	
购防盗门15套	银行存款/建设银行		23,400.00
附单据数 4 张	合计 贰万叁仟肆佰元整	23,400.00	23,400.00

财务主管： 记账：周磊 复核：马英 出纳： 制单：demo 经办人：

业务 31：采购电缆

2016 年 7 月 13 日，从北京电线电缆有限公司采购电缆 600 米，含税价 58 元/米，金额 34 800 元，电缆到货验收入库。

北京增值税专用发票

1100104140　　NO 59625697　　1100104140　NO 59625697

开票日期：2016年7月13日

购买方：
名　　称：北京明基设备制造有限公司
纳税人识别号：65896325LKJHGYUI56
地 址、电 话：北京市海淀区联想桥青云当代大厦4-1 36548963
开户行及账号：中国建设银行北京中山支行21201501200053025041

密码区：6877789*&^*(&%45*&^)(*&*(%(6^^#%#@#$@342vkh%43223216+5456132415?><$#@$#+128$+151#@$@$+177@+1103+1129#@Q$@#R#564816#r3w4165151@#553#$%#5+128&^#$&^3515618651*^%651651&$

货物或应税劳务、服务名称	规格型号	单位	数量	单价	金额	税率	税额
电缆		米	600.00	49.57	29,743.59	17%	5,056.41
合　计					¥ 29,74[illegible]9		¥ 5,056.41
价税合计（大写）	叁万肆仟捌佰元整				（小写）		¥ 34,800.00

销售方：
名　　称：北京电线电缆有限公司
纳税人识别号：522365636878523
地 址、电 话：北京市昌平区大北30号　52145236
开户行及账号：中国兴业银行北京西城支行 865214589632

备注：

收款人：杨杰　　复核：周伟　　开票人：杨杰　　销售方：（章）

第三联：发票联 购买方记账凭证

北京明基设备制造有限公司

入　库　单

产品名称：电缆　　2016年7月13日　　单号：43435889

名称	规格	单位	数量	单价	金额	备注
电缆		米	600	49.57	29,743.59	
合计金额（大写）	贰万玖仟柒佰肆拾叁元伍角玖分				小写：29,743.59	

主管　张辉　　会计　周磊　　保管员 李纳　　经手人　王力

中国建设银行
转账支票存根
25631567
10632587

附加信息

出票日期 2016年07月13日

收款人：北京电线电缆有限公司

金额：34,800.00

用途：采购电缆

单位主管　　会计

中国建设银行 China Construction Bank　**转账支票**　25631567 10632587

付款期限自出票之日十天

出票日期（大写）贰零壹陆 年 零柒 月 壹拾叁 日　付款行名称：中国建设银行北京中山支行

收款人：北京电线电缆有限公司　出票人账号：21201501200053025041

人民币（大写）	叁万肆仟捌佰元整	亿	千	百	十	万	千	百	十	元	角	分
					¥	3	4	8	0	0	0	0

用途：采购电缆　密码：

行号：

下列款项请从
我账户内支付
出票人签章　（北京明基设备制造有限公司 财务专用章）（珊王印珊）　复核：　记账：

北京明基设备制造有限公司资金申请单

2016年 07 月 13日　NO.031

部门：采购部　申请项目：电缆款

申请金额（大写）：叁万肆仟捌佰元整　¥ 34,800.00

请款理由：购买北京电线电缆有限公司的电缆

单位负责人（珊王印珊）　部门负责人（齐张印雨）　财务负责人（印杨林）　经手人 张天

记账凭证

本币：人民币　单位：元

====================

2016 年 7 月 13 日

核算单位：[001]北京明基设备制造有限公司　　第0031号 - 0001/0001

摘　要	会 计 科 目	借方金额	贷方金额
购电缆600米	原材料/外购件/电缆	29,743.59	
购电缆600米	应交税费/应交增值税/进项税额	5,056.41	
购电缆600米	银行存款/建设银行		34,800.00
附单据数　4　张	合计 叁万肆仟捌佰元整	34,800.00	34,800.00

财务主管:　　记账: 周磊　　复核: 马英　　出纳:　　制单: demo　　经办人:

业务 32：购买票据打印机

2016 年 7 月 15 日，经领导批准，从航天金税信息有限公司购买票据打印机一台，金额 1 980.00 元，用银行转账支票支付。

1100104140　　北京增值税专用发票　　NO 59625699　　1100104140 NO 59625699

开票日期：2016年7月15日

购买方	名　　称：北京明基设备制造有限公司 纳税人识别号：65896325LKJHGYUI56 地 址、电 话：北京市海淀区联想桥青云当代大厦4-1 36548963 开户行及账号：中国建设银行北京中山支行21201501200053025041			密码区	6877789*&^*(&%45*&^)(*&*(%(6^^#%#@#$@342vkh%43223216+5456132415?><$#@$#+128$+151#@$@$+177@+1103+1129#@Q$@#R#564816#r3w4165151@#553#$%#5+128&^#$&^3515618651*^%651651&$		
货物或应税劳务、服务名称	规格型号	单位	数量	单价	金额	税率	税额
票据打印机		台	1.00	1,692.31	1,692.31	17%	287.69
合　　计					¥ 1,692.31		¥ 287.69
价税合计（大写）	壹仟玖佰捌拾元整						¥ 1,980.00
销售方	名　　称：航天金税信息有限公司 纳税人识别号：656587845212365 地 址、电 话：北京市大兴区团河路33号 65452632 开户行及账号：中国兴业银行北京大兴支行 569325412563			备注			

收款人：王鑫　　复核：秦星　　开票人：王鑫　　销售方：（章）

第三联：发票联　购买方记账凭证

中国建设银行
转账支票存根
25631568
10632588

附加信息

出票日期 2016年07月15日

收款人：航天金税信息有限公司

金额：1,980.00

用途：采购票据打印机

单位主管　　会计

中国建设银行 China Construction Bank　　转账支票　　25631568 10632588

出票日期（大写）贰零壹陆 年 零柒月 壹拾伍日　付款行名称：中国建设银行北京中山支行

收款人：航天金税信息有限公司　　出票人账号：21201501200053025041

人民币（大写）	壹仟玖佰捌拾元整	亿	千	百	十	万	千	百	十	元	角	分
							¥	1	9	8	0	0	0

付款期限自出票之日十天

用途：采购票据打印机　　密码：

行号：

下列款项请从
我账户内支付
出票人签章　　　复核：　　记账：

北京明基设备制造有限公司资金申请单

2016 年 7 月 15日　　NO.032

部门：财务部　　申请项目：购票据打印机

申请金额（大写）：壹仟玖佰捌拾元整　　¥ 1,980.00

请款理由：购买航天金税信息有限公司票据打印机

单位负责人：珊王印珊　　部门负责人：　　财务负责人：杨林印　　经手人：周磊

记账凭证

本币：人民币　单位：元

2016 年 7 月 15 日

核算单位：[001]北京明基设备制造有限公司　　第0032号 - 0001/0001

摘要	会计科目	借方金额	贷方金额
购开票打印机	管理费用/办公费	1,692.31	
购开票打印机	应交税费/应交增值税/进项税额	287.69	
购开票打印机	银行存款/建设银行		1,980.00
附单据数 3 张	合计 壹仟玖佰捌拾元整	1,980.00	1,980.00

财务主管：　记账：周磊　复核：马英　出纳：　制单：demo　经办人：

业务 33：报销出差费

2016 年 7 月 15 日，经领导批准，张光明报销上海出差费 1 860.00 元（其中住宿费 560.00 元为增值税专用发票）。

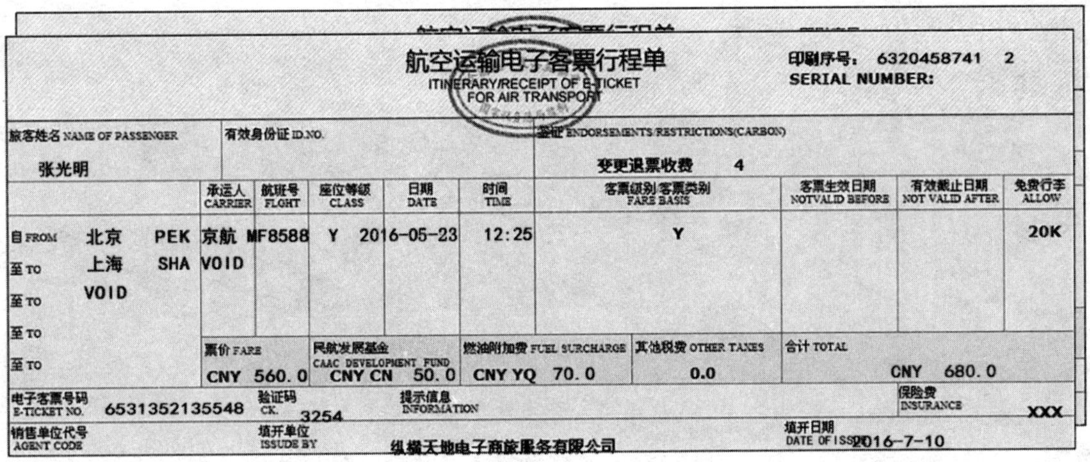

航空运输电子客票行程单 ITINERARY/RECEIPT OF E-TICKET FOR AIR TRANSPORT

印刷序号：6320458741 2 SERIAL NUMBER:

旅客姓名 NAME OF PASSENGER	有效身份证 ID.NO.	签注 ENDORSEMENTS/RESTRICTIONS(CARBON)
张光明		变更退票收费 4

		承运人 CARRIER	航班号 FLIGHT	座位等级 CLASS	日期 DATE	时间 TIME	客票级别/客票类别 FARE BASIS	客票生效日期 NOTVALID BEFORE	有效截止日期 NOT VALID AFTER	免费行李 ALLOW
自 FROM	北京 PEK	京航	MF8588	Y	2016-05-23	12:25	Y			20K
至 TO	上海 SHA	VOID								
至 TO	VOID									
至 TO										
至 TO										

票价 FARE	民航发展基金 CAAC DEVELOPMENT FUND	燃油附加费 FUEL SURCHARGE	其他税费 OTHER TAXES	合计 TOTAL
CNY 560.0	CNY CN 50.0	CNY YQ 70.0	0.0	CNY 680.0

电子客票号码 E-TICKET NO. 6531352135548　验证码 CK. 3254　提示信息 INFORMATION　保险费 INSURANCE XXX

销售单位代号 AGENT CODE　填开单位 ISSUED BY 纵横天地电子商旅服务有限公司　填开日期 DATE OF ISSUE 2016-7-10

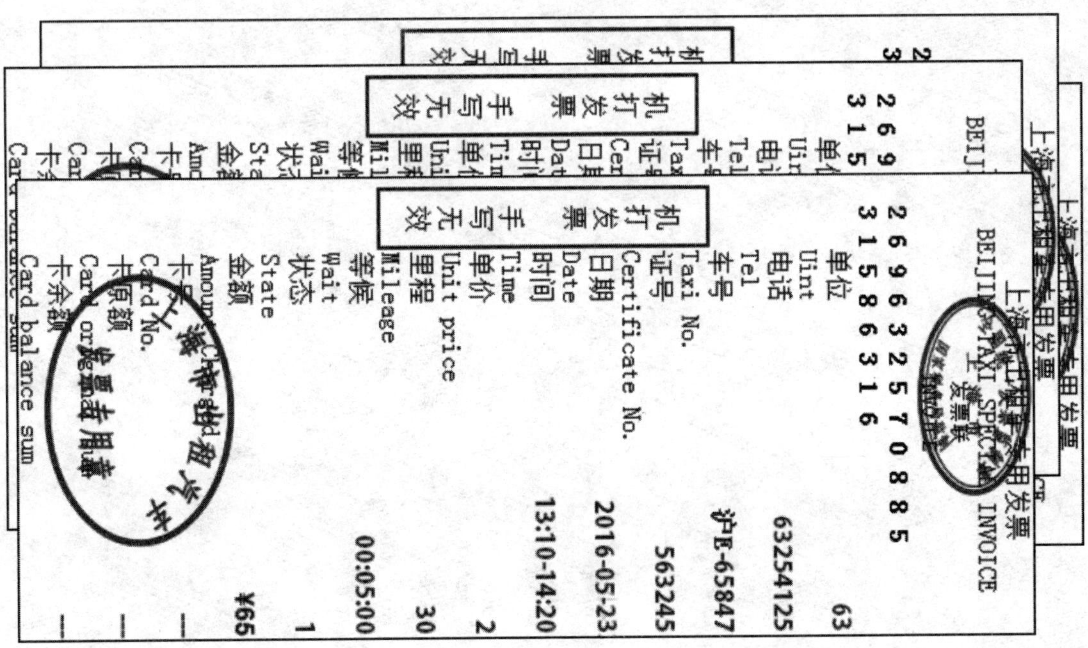

上海市出租汽车专用发票 BEIJING TAXI SPECIAL INVOICE

机打发票　手写无效

269632570885

31586316

单位 Uint	63
电话 Tel	63254125
车号 Taxi No.	沪E-65847
证号 Certificate No.	563245
日期 Date	2016-05-23
时间 Time	13:10-14:20
单价 Unit price	2
里程 Mileage	30
等候 Wait	00:05:00
状态 State	1
金额 Amount	¥65
卡号 Card No.	—
卡原额 Card or	—
卡余额 Card balance sum	—

上海增值税专用发票

5142589635　　NO 59625699　　5142589635 NO 59625699

开票日期：2016年5月25日

购买方	名　　称：北京明基设备制造有限公司 纳税人识别号：65896325LKJHGYUI56 地 址、电 话：北京市海淀区联想桥青云当代大厦4-1 36548963 开户行及账号：中国建设银行北京中山支行21201501200053025041	密码区	6877789*&^*(&%45*&^)(*&*(%(6^^#%#@#$@342vkh%43223216+5456132415?><$#@$#+128$+151#@$@$+177@+1103+1129#@Q$@#R#564816#r3w4165151@#553#$%#5+128&^#$&^3515618651*^%651651&$

货物或应税劳务、服务名称	规格型号	单位	数量	单价	金额	税率	税额
住宿费		天	2.00	264.15	528.30	6%	31.70
合　　计					¥ [illegible]8.30		31.70
价税合计（大写）	伍佰陆拾元整				（小写）		560.00

销售方	名　　称：上海浦东国际酒店 纳税人识别号：712154785456328 地 址、电 话：上海浦东新区民生路22号　02156845587 开户行及账号：中国工商银行浦东支行 85541236545218	备注	

收款人：杨铭　　复核：杜家　　开票人：杨铭　　销售方：（章）

第三联：发票联　购买方记账凭证

北京明基设备制造有限公司资金申请单

2016年 7月 15日　　NO.033

部门：经营部　　申请项目：差旅费

申请金额（大写）：壹仟捌佰陆拾元整　¥ 1,860.00

请款理由：报销差旅费

单位负责人：王珊印珊　　部门负责人：张光辉印　　财务负责人：杨林印　　经手人：张光明

记账凭证

本币：人民币 单位：元

2016 年 7 月 15 日

核算单位：[001]北京明基设备制造有限公司 第0033号 - 0001/0001

摘 要	会 计 科 目	借方金额	贷方金额
张光明报差旅费	销售费用/差旅费	1,828.30	
张光明报差旅费	应交税费/应交增值税/进项税额	31.70	
张光明报差旅费	库存现金	140.00	
张光明报差旅费	其他应收款/张光明		2,000.00
附单据数 18 张	合计 贰仟元整	2,000.00	2,000.00

财务主管： 记账：周磊 复核：马英 出纳： 制单：demo 经办人：

业务 34：报销出差费

2016 年 7 月 15 日，经领导批准，张光明报销上海出差费 5 580.00 元（其中住宿费 2 600.00 元为增值税专用发票）。

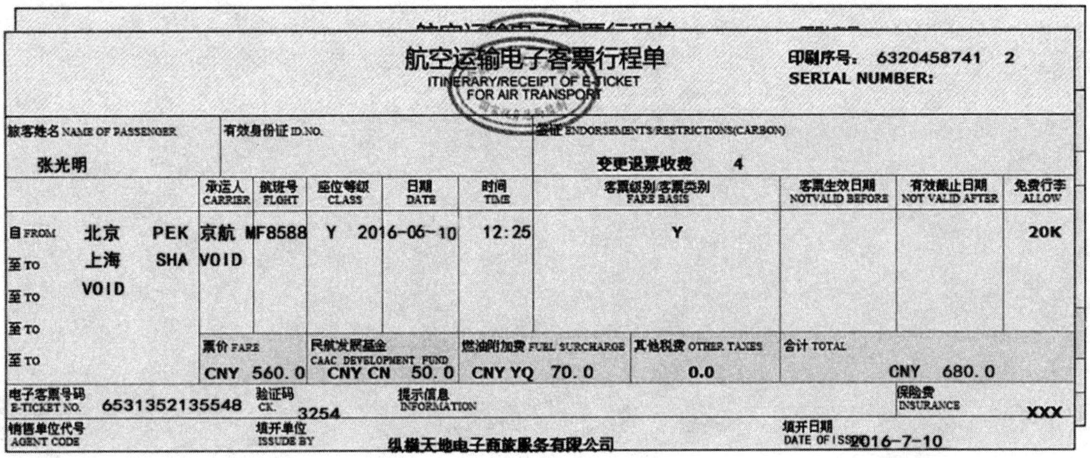

航空运输电子客票行程单 ITINERARY/RECEIPT OF E-TICKET FOR AIR TRANSPORT

印刷序号：6320458741　2 SERIAL NUMBER:

旅客姓名 NAME OF PASSENGER	有效身份证 ID.NO.	签注 ENDORSEMENTS/RESTRICTIONS(CARBON)
张光明		变更退票收费　4

		承运人 CARRIER	航班号 FLIGHT	座位等级 CLASS	日期 DATE	时间 TIME	客票级别/客票类别 FARE BASIS	客票生效日期 NOT VALID BEFORE	有效截止日期 NOT VALID AFTER	免费行李 ALLOW
自 FROM	北京 PEK	京航	MF8588	Y	2016-06-10	12:25	Y			20K
至 TO	上海 SHA	VOID								
至 TO	VOID									
至 TO										
至 TO										

票价 FARE	民航发展基金 CAAC DEVELOPMENT FUND	燃油附加费 FUEL SURCHARGE	其他税费 OTHER TAXES	合计 TOTAL
CNY 560.0	CNY CN 50.0	CNY YQ 70.0	0.0	CNY 680.0

电子客票号码 E-TICKET NO. 6531352135548　验证码 CK. 3254　提示信息 INFORMATION　保险费 INSURANCE XXX

销售单位代号 AGENT CODE　填开单位 ISSUED BY 纵横天地电子商旅服务有限公司　填开日期 DATE OF ISSUE 2016-7-10

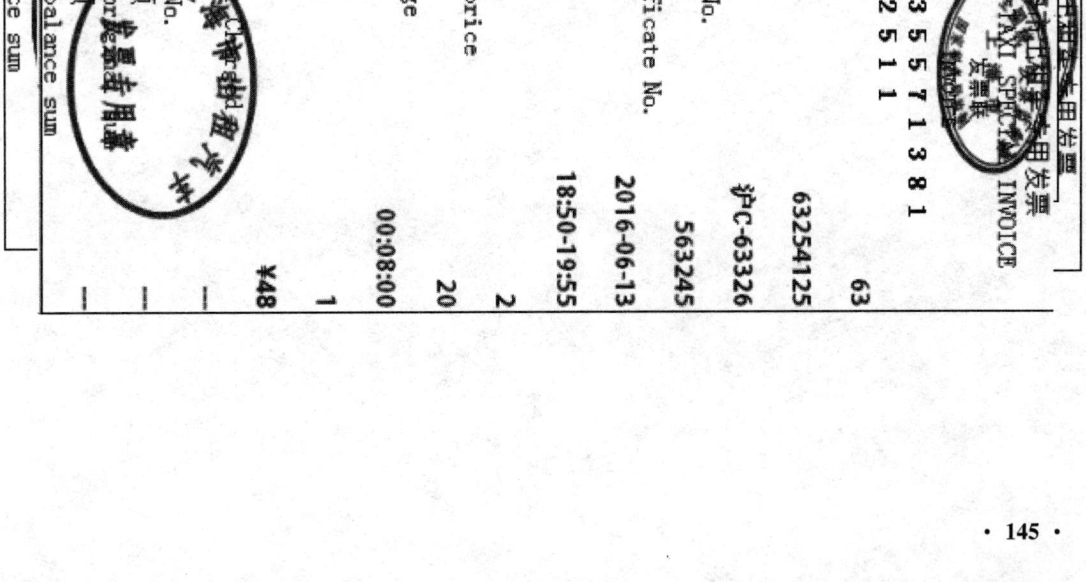

上海市出租汽车专用发票 TAXI SPECIAL INVOICE

机打发票 手写无效

2 31

3 7 9 6 3 5 5 7 1 3 8 1

3 6 4 8 2 5 1 1

单位 Uint	63
电话 Tel	63254125
车号 Taxi No.	沪C-63326
证号 Certificate No.	563245
日期 Date	2016-06-13
时间 Time	18:50-19:55
单价 Unit price	2
里程 Mileage	20
等候 Wait	00:08:00
状态 State	1
金额 Amount	¥48
卡号 Card No.	—
卡原额 Card or balance	—
卡余额 Card balance sum	—

5142589635　上海增值税专用发票　NO 59625750

5142589635
NO 59625750

发票联

开票日期：2016年6月20日

购买方	名　称：北京明基设备制造有限公司 纳税人识别号：65896325LKJHGYUI56 地 址、电 话：北京市海淀区联想桥青云当代大厦4-1 36548963 开户行及账号：中国建设银行北京中山支行2120150120005302504l	密码区	6877789*&^*(&%45*&^)(*&*(%(6^^#%#@#$@342vkh%43223216+5456132415?><$#@$#+128$+151#@$@$+177@+1103+1129#@Q$@#R#564816#r3w4165151@#553#$%#5+128&^#$&^3515618651*^%651651&$

货物或应税劳务、服务名称	规格型号	单位	数量	单价	金额	税率	税额
住宿费		天	10.00	245.28	2,452.83	6%	147.17
合　计					¥2,4[illegible]		147.17
价税合计（大写）	贰仟陆佰元整				（小写）		2,600.00

销售方	名　称：上海浦东国际酒店 纳税人识别号：712154785456328 地 址、电 话：上海浦东新区民生路22号 02156845587 开户行及账号：中国工商银行浦东支行 85541236545218	备注	上海浦东国际酒店 712154785456328 发票专用章

收款人：杨铭　复核：杜家　开票人：杨铭　销售方：（章）

第三联：发票联 购买方记账凭证

北京明基设备制造有限公司资金申请单

2016年 7 月 15 日　　NO.034

部门：经营部　　申请项目：差旅费

申请金额（大写）：伍仟伍佰捌拾元整　¥ 5,580.00

请款理由：报销差旅费

单位负责人：王珊印　部门负责人：张光辉印　财务负责人：杨林印　经手人：张光明

记账凭证

本币：人民币 单位：元

2016 年 7 月 15 日

核算单位：[001]北京明基设备制造有限公司 第0034号 - 0001/0001

摘 要	会 计 科 目	借方金额	贷方金额
张光明报差旅费	销售费用/差旅费	5,432.83	
张光明报差旅费	应交税费/应交增值税/进项税额	147.17	
张光明报差旅费	银行存款/建设银行		5,580.00
附单据数 22 张	合计 伍仟伍佰捌拾元整	5,580.00	5,580.00

财务主管： 记账：周磊 复核：马英 出纳： 制单：demo 经办人：

中国建设银行网上银行电子回单							
货币	人民币	日期：	2016-7-15	凭证号		交易流水号	
付款人	全称	北京明基设备制造有限公司		收款人	全称	张光明	
	账号	21201501200053025041			账号	62259632548963254589	
	开户行	中国建设银行北京中山支行			开户行	中国工商银行青云支行	
大写金额	伍仟伍佰捌拾元整			小写金额	5,580.00		
用途	出差费用						
钞汇标志	钞户						
重要提示：电子回单可重复打印，如您已通过银行柜台取得相应纸质回单，请注意核对，勿重复记账。							
第一次补打							

中国建设银行 电子回单专用章

业务 35：报销招待费

2016 年 7 月 15 日，经领导批准，张光明报销上海宝钢业务人员招待费 3 600.00 元。

5142589635　**上海增值税普通发票**　NO 59625950　5142589635　NO 59625950

开票日期：2016年6月20日

购买方	名　　称：北京明基设备制造有限公司 纳税人识别号： 地 址、电 话： 开户行及账号：	密码区	6877789*&^*(&%45*&^)(*&*(%(6^^#%#@#$@342vkh%43223216+5456132415?><$#@$#+128$+151#@$@$+177@+1103+1129#@Q$@#R#564816#r3w4165151@#553#$%#5+128&^#$&^3515618651*^%651651&$

货物或应税劳务、服务名称	规格型号	单位	数量	单价	金额	税率	税额
餐费			1.00	3,396.23	3,396.23	6%	203.77
合　计					¥ 3,3[illegible]		203.77
价税合计（大写）	叁仟陆佰元整				（小写）		3,600.00

销售方	名　　称：上海浦东国际酒店 纳税人识别号：712154785456328 地 址、电 话：上海浦东新区民生路22号　02156845587 开户行及账号：中国工商银行浦东支行　85541236545218	备注	

收款人：杨铭　　复核：杜家　　开票人：杨铭　　销售方：（章）

第二联：发票联　购买方记账凭证

北京明基设备制造有限公司资金申请单

2016 年 7 月 15 日　　NO.035

部门：经营部　　申请项目：招待费

申请金额（大写）：叁仟陆佰元整　　¥ 3,600.00

请款理由：报销上海宝钢业务人员招待费

单位负责人：王珊印　　部门负责人：张光辉印　　财务负责人：杨林印　　经手人：张光明

记账凭证

本币：人民币　单位：元

2016 年 7 月 15 日

核算单位：[001]北京明基设备制造有限公司　　　　第0035号 － 0001/0001

摘　要	会 计 科 目	借方金额	贷方金额
张光明报招待费	销售费用/业务招待费	3,600.00	
张光明报招待费	库存现金		3,600.00
附单据数　2　张	合计　叁仟陆佰元整	3,600.00	3,600.00

财务主管：　记账：周磊　复核：马英　出纳：　制单：demo　经办人：

业务 36：购买轴套

2016 年 7 月 15 日，从北京金镒鑫铸造厂购买轴套 40 套，含税价 244.00 元/套，金额 9 760.00 元，轴套到货，验收合格办理入库，经领导批准，支付货款 9 760.00 元。

1100104140　　北京增值税专用发票　　NO 59625690

1100104140
NO 59625690

发票联

开票日期：2016年7月15日

购买方	名　　称：北京明基设备制造有限公司 纳税人识别号：65896325LKJHGYUI56 地 址、电 话：北京市海淀区联想桥青云当代大厦4-1 36548963 开户行及账号：中国建设银行北京中山支行21201501200053025041	密码区	6877789*&^*(&%45*&^)(*&*(%(6^^#%#@#$@342vkh%43223216+5456132415?><$#@$#+128$+151#@$@$+177@+1103+1129#@Q$@#R#564816#r3w4165151@#553#$%#5+128&^#$&^3515618651*^%651651&$

货物或应税劳务、服务名称	规格型号	单位	数量	单价	金额	税率	税额
轴套		套	40.00	208.55	8,341.88	17%	1,418.12
合　计					¥8,341.88		¥1,418.12
价税合计（大写）	玖仟柒佰陆拾元整				（小写）		9,760.00

销售方	名　　称：北京金镒鑫铸造厂 纳税人识别号：288654521457935 地 址、电 话：北京市东城区大田路32号 45215236 开户行及账号：中国建设银行大田支行 63254125896321	备注	

收款人：沈东　　复核：彭佩　　开票人：沈东　　销售方：（章）

第三联：发票联 购买方记账凭证

（印章：北京金镒鑫铸造厂 288654521457935 发票专用章）

北京明基设备制造有限公司

入　库　单

产品名称：轴套　　2016年7月13日　　单号：43435890

名称	规格	单位	数量	单价	金额	备注
轴套		套	40	208.55	8,341.88	
合计金额（大写）	捌仟叁佰肆拾壹元捌角捌分				小写：8,341.88	

主管　张辉　　会计　周磊　　保管员　李纳　　经手人　王力

中国建设银行
转账支票存根
25631569
10632589

附加信息

出票日期 2016年07月15日

收款人：北京金镃鑫铸造厂

金额：9,760.00

用途：采购票据打印机

单位主管　　会计

中国建设银行 China Construction Bank　　转账支票　　25631569 10632589

出票日期（大写）贰零壹陆 年 零柒月 壹拾伍 日　付款行名称：中国建设银行北京中山支行

收款人：北京金镃鑫铸造厂　　出票人账号：21201501200053025041

付款期限自出票之日十天

人民币（大写）	玖仟柒佰陆拾元整	亿	千	百	十	万	千	百	十	元	角	分
						¥	9	7	6	0	0	0

用途：购买轴套　　密码：

行号：

下列款项请从
我账户内支付
出票人盖章　　复核：　　记账：

（印章：北京明基设备制造有限公司 财务专用章；珊王印珊）

北京明基设备制造有限公司资金申请单

2016 年 7 月 15 日　　NO.036

部门：采购部　　申请项目：购买轴套

申请金额（大写）：玖仟柒佰陆拾元整　　¥ 9,760.00

请款理由：购买北京金镃鑫铸造厂轴套

单位负责人：（印章：珊王印珊）　　部门负责人：（印章：齐张印雨）　　财务负责人：（印章：杨林印）　　经手人：张天

记账凭证

本币：人民币　单位：元

====================

2016 年 7 月 15 日

核算单位：[001]北京明基设备制造有限公司　　　　第0036号 - 0001/0001

摘　要	会 计 科 目	借方金额	贷方金额
购轴承40套	原材料/外购件/轴承	8,341.88	
购轴承40套	应交税费/应交增值税/进项税额	1,418.12	
购轴承40套	银行存款/建设银行		9,760.00
附单据数　4　张	合计　玖仟柒佰陆拾元整	9,760.00	9,760.00

财务主管：　　记账：周磊　　复核：马英　　出纳：　　制单：demo　　经办人：

业务 37：购买万向节联轴器

2016 年 7 月 16 日，从沈阳维特传动有限公司购买万向节联轴器 20 套，含税价 7 000.00 元/套，金额 140 000.00 元，万向节联轴器到货，验收合格办理入库。

4236589623 辽宁增值税专用发票 NO 59625692

4236589623
NO 59625692

开票日期：2016年7月16日

购买方	名　　称：北京明基设备制造有限公司 纳税人识别号：65896325LKJHGYUI56 地 址、电 话：北京市海淀区联想桥青云当代大厦4-1 36548963 开户行及账号：中国建设银行北京中山支行212015012000053025041	密码区	6877789*&^*(&%45*&^)(*&*(%(6^^#%#@#$@342vkh%43223216+5456132415?><$#@$#+128$+151#@$@$+177@+1103+1129#@Q$@#R#564816#r3w4165151@#553#$%#5+128&^#$&^3515618651*^%651651&$

货物或应税劳务、服务名称	规格型号	单位	数量	单价	金额	税率	税额
万向节联轴器		套	20.00	5,982.91	119,658.12	17%	20,341.88
合　　计					¥		¥ 20,341.88
价税合计（大写）	壹拾肆万元整				（小写）		¥ 140,000.00

销售方	名　　称：沈阳维特传动有限公司 纳税人识别号：521225488785412 地 址、电 话：沈阳市沈北新区杭州路131号 84521236 开户行及账号：中国建设银行大田支行 63254125896321	备注	沈阳维特传动有限公司 521225488785412 发票专用章

收款人：杨品　　复核：彭化　　开票人：杨品　　销售方：（章）

第三联：发票联 购买方记账凭证

北京明基设备制造有限公司

入 库 单

产品名称：万向节联轴器　　2016年7月16日　　单号：43435892

名称	规格	单位	数量	单价	金额	备注
万向节联轴器		套	20	5,982.91	119,658.12	
合计金额（大写）	壹拾壹万玖仟陆佰伍拾捌元壹角贰分				小写：119,658.12	

主管 张辉　　会计 周磊　　保管员 李纳　　经手人 王力

记账凭证

本币：人民币　单位：元

====================

2016 年 7 月 16 日

核算单位: [001]北京明基设备制造有限公司　　　　第0037号 - 0001/0001

摘　要	会　计　科　目	借方金额	贷方金额
购万向节联轴器20套	原材料/外购件/万向节联轴器	119,658.12	
购万向节联轴器20套	应交税费/应交增值税/进项税额	20,341.88	
购万向节联轴器20套	应付账款　沈阳维特传动有限公司		140,000.00
附单据数　2　张	合计 壹拾肆万元整	140,000.00	140,000.00

财务主管:　　记账: 周磊　　复核: 马英　　出纳:　　制单: demo　　经办人:

业务38：购买控制变压器、制动电阻

2016年7月16日，从北京大通自动化设备有限公司购买控制变压器5个，含税价8 500.00元/个，金额42 500.00元；购买制动电阻10个，含税价2 150.00元/个，金额21 500.00元，控制变压器和制动电阻到货，验收合格办理入库。

北京增值税专用发票

1100104140　　　NO 59625691　　　1100104140　NO 59625691

开票日期：2016年7月16日

购买方	名　　称：北京明基设备制造有限公司 纳税人识别号：65896325LKJHGYUI56 地 址、电 话：北京市海淀区联想桥青云当代大厦4-1 36548963 开户行及账号：中国建设银行北京中山支行21201501200053025041	密码区	6877789*&^*(&%45*&^)(*&*(%(6^^#%#@#$@342vkh%43223216+5456132415?><$#@$#+128$+151#@$@$+177@+1103+1129#@Q$@#R#564816#r3w4165151@#553#$%#5+128&^#$&^3515618651*^%651651&$

货物或应税劳务、服务名称	规格型号	单位	数量	单价	金额	税率	税额
控制变压器		个	5.00	7,264.96	36,324.79	17%	6,175.21
制动电阻		个	10.00	1,837.61	18,376.07	17%	3,123.93
合　计					¥ 54[illegible]		¥ 9,299.14
价税合计（大写）	陆万肆仟元整				（小写）		¥ 64,000.00

销售方	名　　称：北京大通自动化设备有限公司 纳税人识别号：23254587896325 地 址、电 话：北京市海淀区新程达路33号 693524125 开户行及账号：中国建设银行天湖支行 632541258963254	备注	

收款人：胡家　　复核：魏琴　　开票人：胡家　　销售方：（章）

第三联：发票联　购买方记账凭证

北京明基设备制造有限公司

入　库　单

产品名称：控制变压器　　2016年7月16日　　单号：43435894

名称	规格	单位	数量	单价	金额	备注
控制变压器		个	5	7,264.96	36,324.79	
合计金额（大写）	叁万陆仟叁佰贰拾肆元柒角玖分				小写：36,324.79	

主管　张辉　　会计　周磊　　保管员　李纳　　经手人　王力

北京明基设备制造有限公司

入　库　单

产品名称：制动电阻　　2016年7月16日　　单号：43435895

名称	规格	单位	数量	单价	金额	备注
制动电阻		个	10	1,837.61	18,376.07	
合计金额（大写）	壹万捌仟叁佰柒拾陆元零柒分				小写：18,376.07	

主管　张辉　　会计　周磊　　保管员 李纳　　经手人　王力

记账凭证

本币：人民币　单位：元

2016 年 7 月 16 日

核算单位：[001]北京明基设备制造有限公司　　第0038号 - 0001/0001

摘　　要	会 计 科 目	借方金额	贷方金额
购控制变压器5个	原材料/外购件/控制变压器	36,324.79	
购制动电阻10个	原材料/外购件/制动电阻	18,376.07	
购制动电阻及变压器	应交税费/应交增值税/进项税额	9,299.14	
购制动电阻及变压器	应付账款　北京大通自动化设备有限公司		64,000.00
附单据数　3　张	合计　陆万肆仟元整	64,000.00	64,000.00

财务主管：　　记账：周磊　　复核：马英　　出纳：　　制单：demo　　经办人：

业务39：采购衬板

2016年7月16日，从北京裕隆高速钢有限公司采购衬板46.92吨，含税价28 400元/吨，金额1 332 528.00元，衬板到货，验收合格办理入库。

北京增值税专用发票

1100104140　　NO 59625698　　1100104140　NO 59625698

开票日期：2016年7月16日

购买方	名　　称：北京明基设备制造有限公司 纳税人识别号：65896325LKJHGYUI56 地址、电话：北京市海淀区联想桥青云当代大厦4-1 36548963 开户行及账号：中国建设银行北京中山支行2120150120005302504l	密码区	6877789*&^*(&%45*&^)(*&*(%(6^^#%#@#$@342vkh%43223216+5456132415?><$#@$#+128$+151#@$@$+177@+1103+1129#@Q$@#R#564816#r3w4165151@#553#$%#5+128&^#$&^3515618651*^%651651&$

货物或应税劳务、服务名称	规格型号	单位	数量	单价	金额	税率	税额
衬板		吨	46.92	24,273.50	1,138,912.82	17%	193,615.18
合　计					¥1,138,912.82		¥193,615.18
价税合计（大写）	壹佰叁拾叁万贰仟伍佰贰拾捌元整						1,332,528.00

销售方	名　　称：北京裕隆高速钢有限公司 纳税人识别号：594789654852136 地址、电话：北京市朝阳区双桥中路52号 51325687 开户行及账号：中国农业银行双桥支行 632541258963254	备注	

收款人：于佳　　复核：赵飒　　开票人：于佳　　销售方：（章）

第三联：发票联购买方记账凭证

北京明基设备制造有限公司

入　库　单

产品名称：衬板　　2016年7月16日　　单号：43435898

名称	规格	单位	数量	单价	金额	备注
衬板		吨	46.92	24,273.50	1,138,912.82	
合计金额（大写）	壹佰壹拾叁万捌仟玖佰壹拾贰元捌角贰分				小写：1,138,912.82	

主管　张辉　　会计　周磊　　保管员　李纳　　经手人　王力

记账凭证

本币：人民币 单位：元

====================

2016 年 7 月 16 日

核算单位：[001]北京明基设备制造有限公司 第0039号 - 0001/0001

摘 要	会 计 科 目	借方金额	贷方金额
购衬板46.92吨	原材料/外购件/衬板	1,138,912.82	
购衬板46.92吨	应交税费/应交增值税/进项税额	193,615.18	
购衬板46.92吨	应付账款 北京裕隆高速钢有限公司		1,332,528.00
附单据数 2 张	合计 壹佰叁拾叁万贰仟伍佰贰拾捌元整	1,332,528.00	1,332,528.00

财务主管： 记账：周磊 复核：马英 出纳： 制单：demo 经办人：

业务 40：采购缓冲弹簧

2016 年 7 月 16 日，从江苏金亿工业弹簧厂采购缓冲弹簧 36 件，含税价 2 000 元/件，金额 72 000.00 元，缓冲弹簧到货，验收合格办理入库。

325145693　　**江苏增值税专用发票**　　NO 59625821

325145693
NO 59625821

开票日期：2016年7月16日

购买方	名　　称：北京明基设备制造有限公司 纳税人识别号：65896325LKJHGYUI56 地 址、电 话：北京市海淀区联想桥青云当代大厦4-1 36548963 开户行及账号：中国建设银行北京中山支行212015012000530250412	密码区	6877789*&^*(&%45*&^)(*&*(%(6^^#%#@#$@342vkh%43223216+5456132415?><$#@$#+128$+151#@$@$+177@+1103+1129#@Q$@#R#564816#r3w4165151@#553#$%#5+128&^#$&^3515618651*^%651651&$

货物或应税劳务、服务名称	规格型号	单位	数量	单价	金额	税率	税额
缓冲弹簧		套	36.00	1,709.40	61,538.46	17%	10,461.54
合　　计					¥ 61,538.46		¥ 10,461.54
价税合计（大写）	柒万贰仟元整						¥ 72,000.00

销售方	名　　称：江苏金亿工业弹簧厂 纳税人识别号：754886685412323 地 址、电 话：江苏省南京市江宁区定竹山路15号85632145 开户行及账号：中国工商银行南京江宁支行 85562145789866	备注	江苏金亿工业弹簧厂 754886685412323 发票专用章

收款人：张天　　复核：崔月　　开票人：张天　　销售方：（章）

第三联：发票联　购买方记账凭证

北京明基设备制造有限公司

入　库　单

产品名称：缓冲弹簧　　2016年7月16日　　单号：43435810

名称	规格	单位	数量	单价	金额	备注
缓冲弹簧		件	36	1,709.40	61,538.46	
合计金额（大写）	陆万壹仟伍佰叁拾捌元肆角陆分				小写：61,538.46	

主管　张辉　　会计　周磊　　保管员　李纳　　经手人　王力

记账凭证

本币：人民币　单位：元

2016 年 7 月 16 日

核算单位：[001]北京明基设备制造有限公司　　　　第0040号 - 0001/0001

摘　要	会 计 科 目	借方金额	贷方金额
购缓冲弹簧36件	原材料/外购件/缓冲弹簧	61,538.46	
购缓冲弹簧36件	应交税费/应交增值税/进项税额	10,461.54	
购缓冲弹簧36件	应付账款　江苏金亿工业弹簧厂		72,000.00
附单据数　2　张	合计　柒万贰仟元整	72,000.00	72,000.00

财务主管：　　记账：周磊　　复核：马英　　出纳：　　制单：demo　　经办人：

业务 41：采购导辊

2016 年 7 月 16 日，从北京政达机械有限公司采购导辊 36 套，含税价 18 800.00 元/套，金额 676 800.00 元，导辊到货，验收合格办理入库。

1100104140　北京增值税专用发票　NO 59625700

1100104140
NO 59625700

开票日期：2016年7月16日

购买方	名　　称：北京明基设备制造有限公司 纳税人识别号：65896325LKJHGYUI56 地 址、电 话：北京市海淀区联想桥青云当代大厦4-1 36548963 开户行及账号：中国建设银行北京中山支行21201501200053025041	密码区	6877789*&^*(&%45*&^)(*&*(%(6^^#%#@#$@342vkh%43223216+5456132415?><$#@$#+128$+151#@$@$+177@+1103+1129#@Q$@#R#564816#r3w4165151@#553#$%#5+128&^#$&^3515618651*^%651651&$

货物或应税劳务、服务名称	规格型号	单位	数量	单价	金额	税率	税额
导辊		套	36.00	16,068.38	578,461.54	17%	98,338.46
合　计					¥ [illegible]		¥ 98,338.46
价税合计（大写）	陆拾柒万陆仟捌佰元整				（小写）¥ 676,800.00		

销售方	名　　称：北京政达机械有限公司 纳税人识别号：621254221254878 地 址、电 话：北京市朝阳区朝阳北路52号 52854569 开户行及账号：中国工商银行北京朝阳支行 6220225458785	备注	北京政达机械有限公司 621254221254878 发票专用章

收款人：宁陕　　复核：车名　　开票人：宁陕　　销售方：（章）

第三联：发票联　购买方记账凭证

北京明基设备制造有限公司

入　库　单

产品名称：导辊　　2016年7月16日　　单号：43435811

名称	规格	单位	数量	单价	金额	备注
导辊		套	36	16,068.38	578,461.54	
合计金额（大写）	伍拾柒万捌仟肆佰陆拾壹元伍角肆分			小写：578,461.54		

主管　张辉　　会计　周磊　　保管员 李纳　　经手人　王力

记账凭证

本币：人民币 单位：元

====================

2016 年 7 月 16 日

核算单位：[001]北京明基设备制造有限公司 第0041号 - 0001/0001

摘 要	会 计 科 目	借方金额	贷方金额
购导辊36套	原材料/外购件/导辊	578,461.54	
购导辊36套	应交税费/应交增值税/进项税额	98,338.46	
购导辊36套	应付账款 北京政达机械有限公司		676,800.00
附单据数 2 张	合计 陆拾柒万陆仟捌佰元整	676,800.00	676,800.00

财务主管： 记账：周磊 复核：马英 出纳： 制单：demo 经办人：

业务 42：采购轴承

2016 年 7 月 17 日，从辽宁瓦轴轴承销售有限公司采购轴承 216 套，含税价 90 元/套，金额 19 440.00 元，轴承到货，验收合格办理入库，经领导批准支付货款。

4236589623　　**辽宁增值税专用发票**　　NO 59625693

4236589623
NO 59625693

开票日期：2016年7月17日

购买方	名　　称：北京明基设备制造有限公司 纳税人识别号：65896325LKJHGYUI56 地 址、电 话：北京市海淀区联想桥青云当代大厦4-1 36548963 开户行及账号：中国建设银行北京中山支行21201501200053025041	密码区	6877789*&^*(&%45*&^)(*&*(%(6^^#%#@#$@342vkh%43223216+5456132415?><$#@$#+128$+151#@$@$+177@+1103+1129#@Q$@#R#564816#r3w4165151@#553#$%#5+128&^#$&^3515618651*^%651651&$

货物或应税劳务、服务名称	规格型号	单位	数量	单价	金额	税率	税额
轴承		套	216.00	76.92	16,615.39	17%	2,824.62
合　计					¥ 16,6[illegible]		2,824.62
价税合计（大写）	壹万玖仟肆佰肆拾元整				（小写）		19,440.00

销售方	名　　称：辽宁瓦轴轴承销售有限公司 纳税人识别号：785412325485698 地 址、电 话：辽宁省鞍山市铁东区中环南路13号 52854569 开户行及账号：中国工商银行鞍山铁东支行 68622145879255	备注	

收款人：尹正　　复核：陶然　　开票人：尹正　　销售方：（章）

第三联：发票联　购买方记账凭证

北京明基设备制造有限公司

入　库　单

产品名称：轴承　　2016年7月17日　　单号：43435812

名称	规格	单位	数量	单价	金额	备注
轴承		套	216	76.92	16,615.39	
合计金额（大写）	壹万陆仟陆佰壹拾伍元叁角玖分				小写：16,615.39	

主管　张辉　　会计　周磊　　保管员　李纳　　经手人　王力

北京明基设备制造有限公司资金申请单

2016年 07 月 17日　　NO.042

部门：采购部　　申请项目：购买轴承

申请金额（大写）：壹万玖仟肆佰肆拾元整 ￥ 19,440.00

请款理由：购买辽宁瓦轴轴承销售有限公司轴承

单位负责人 珊王印珊　部门负责人 齐张印雨　财务负责人 杨林印　经手人 张天

中国建设银行 China Construction Bank 电汇凭证

No256358488

币别：　　2016年 7月17日　　流水号：

汇款方式		☑普通　☐加急			
汇款人	全称	北京明基设备制造有限公司	收款人	全称	辽宁瓦轴轴承销售有限公司
	账号	21201501200053025041		账号	68622145879255
	汇出行名称	中国建设银行北京中山支行		汇入行名称	中国工商银行鞍山铁东支行

金额	（大写）壹万玖仟肆佰肆拾元整	亿	千	百	十	万	千	百	十	元	角	分
						¥	1	9	4	4	0	0	0

支付密码

附加信息及用途：轴承购置款

客户签章

（印章：中国建设银行北京中山支行 2016.7.17 转帐 转讫）

会计主管　授权　复核　录入

第二联 客户回单

记账凭证

本币：人民币　单位：元

2016 年 7 月 17 日

核算单位：[001]北京明基设备制造有限公司　　第0042号 - 0001/0001

摘　要	会 计 科 目	借方金额	贷方金额
购轴承216套	原材料/外购件/轴承	16,615.38	
购轴承216套	应交税费/应交增值税/进项税额	2,824.62	
购轴承216套	银行存款/建设银行		19,440.00
附单据数　4　张	合计　壹万玖仟肆佰肆拾元整	19,440.00	19,440.00

财务主管：　记账：周磊　复核：马英　出纳：　制单：demo　经办人：

业务 43：采购轴套

2016 年 7 月 17 日，从北京永兴商贸有限公司采购轴套 288 套，含税价 200.00 元/套，金额 57 600.00 元，轴套到货，验收合格办理入库，经领导批准支付货款。

1100104140　**北京增值税专用发票**　NO 59625701

1100104140
NO 59625701

开票日期：2016年7月17日

购买方	名　　称：北京明基设备制造有限公司 纳税人识别号：65896325LKJHGYUI56 地 址、电 话：北京市海淀区联想桥青云当代大厦4-1 36548963 开户行及账号：中国建设银行北京中山支行21201501200053025041	密码区	6877789*&^*(&%45*&^)(*&*(%(6^^#%#@#$@342vkh%43223216+5456132415?><$#@$#+128$+151#@$@$+177@+1103+1129#@Q$@#R#564816#r3w4165151@#553#$%#5+128&^#$&^3515618651*^%651651&$

货物或应税劳务、服务名称	规格型号	单位	数量	单价	金额	税率	税额
轴套		套	288.00	170.94	49,230.77	17%	8,369.23
合　计					¥ 49,23[illegible]		¥ 8,369.23
价税合计（大写）	伍万柒仟陆佰元整				（小写）		¥ 57,600.00

销售方	名　　称：北京永兴商贸有限公司 纳税人识别号：125632547856325 地 址、电 话：北京市东城区石子北路36号　52854569 开户行及账号：中国工商银行石子支行 6220225458785	备注	

收款人：毛元　　复核：张霞　　开票人：毛元　　销售方：（章）

第三联：发票联　购买方记账凭证

北京明基设备制造有限公司

入　库　单

产品名称：轴套　　　　2016年7月17日　　　　单号：43435813

名称	规格	单位	数量	单价	金额	备注
轴套		套	288	170.94	49,230.77	
合计金额（大写）	肆万玖仟贰佰叁拾元柒角柒分				小写：49,230.77	

主管　张辉　　会计　周磊　　保管员　李纳　　经手人　王力

北京明基设备制造有限公司资金申请单

2016 年 07 月 17 日　　NO.043

部门：采购部　　申请项目：购买轴套

申请金额（大写）：伍万柒仟陆佰元整　¥ 57,600.00

请款理由：购买北京永兴商贸有限公司轴套

单位负责人：珊王印珊　部门负责人：齐张印雨　财务负责人：杨林印　经手人：张天

中国建设银行
转账支票存根
25631852
10632631

附加信息

出票日期 2016年7月17日

收款人：北京永兴商贸有限公司

金额：57,600.00

用途：采购轴套

单位主管　　会计

中国建设银行 China Construction Bank　**转账支票**　25631852 10632631

出票日期（大写）贰零壹陆 年 零柒 月 壹拾柒 日　付款行名称：中国建设银行北京中山支行

收款人：北京永兴商贸有限公司　出票人账号：21201501200053025041

付款期限自出票之日十天

人民币（大写）	亿	千	百	十	万	千	百	十	元	角	分
伍万柒千陆佰元整				¥	5	7	6	0	0	0	0

用途：采购轴套　　密码：

行号：

下列款项请从
我账户内支付
出票人盖章：　珊王印珊　　复核：　　记账：

记账凭证

本币：人民币 单位：元

2016 年 7 月 17 日

核算单位：[001]北京明基设备制造有限公司 第0043号 - 0001/0001

摘 要	会 计 科 目	借方金额	贷方金额
购轴套288套	原材料/外购件/轴套	49,230.77	
购轴套288套	应交税费/应交增值税/进项税额	8,369.23	
购轴套288套	银行存款/建设银行		57,600.00
附单据数 4 张	合计 伍万柒仟陆佰元整	57,600.00	57,600.00

财务主管： 记账：周磊 复核：马英 出纳： 制单：demo 经办人：

业务 44：采购提升装置

2016 年 7 月 18 日，从北京长城冶金机械厂采购提升装置 6 套，含税价 56 000.00 元/套，金额 336 000.00 元，提升装置到货，验收合格办理入库。

1100104140　　北京增值税专用发票　　NO 59625706

1100104140
NO 59625706

开票日期：2016年7月18日

购买方	名　　称：北京明基设备制造有限公司 纳税人识别号：65896325LKJHGYUI56 地 址、电 话：北京市海淀区联想桥青云当代大厦4-1 36548963 开户行及账号：中国建设银行北京中山支行21201501200053025041	密码区	6877789*&^*(&%45*&^)(*&*(%(6^^#%#@#$@342vkh%43223216+5456132415?><$#@$#+128$+151#@$@$+177@+1103+1129#@Q$@#R#564816#r3w4165151@#553#$%#5+128&^#$&^3515618651*^%651651&$

货物或应税劳务、服务名称	规格型号	单位	数量	单价	金额	税率	税额
提升装置		套	6.00	47,863.25	287,179.49	17%	48,820.51
合　计					¥ 28[illegible]		¥ 48,820.51
价税合计（大写）	叁拾叁万陆仟元整				（小写）		¥ 336,000.00

销售方	名　　称：北京长城冶金机械厂 纳税人识别号：785452132658956 地 址、电 话：北京市西城区沙子南路　52854569 开户行及账号：中国建设银行沙子支行 6220225458785	备注	

收款人：关中　　复核：景波　　开票人：关中　　销售方：（章）

第三联：发票联　购买方记账凭证

北京明基设备制造有限公司

入　库　单

产品名称：提升装置　　2016年7月18日　　单号：43435814

名称	规格	单位	数量	单价	金额	备注
提升装置		套	6	47,863.25	287,179.49	
合计金额（大写）	贰拾捌万柒仟壹佰柒拾玖元肆角玖分			小写：287,179.49		

主管　张辉　　会计　周磊　　保管员　李纳　　经手人　王力

记账凭证

本币：人民币　单位：元

====================

2016 年 7 月 18 日

核算单位：[001]北京明基设备制造有限公司　　第0044号 - 0001/0001

摘　　要	会　计　科　目	借方金额	贷方金额
购提升装置6套	原材料/外购件/提升装置	287,179.49	
购提升装置6套	应交税费/应交增值税/进项税额	48,820.51	
购提升装置6套	应付账款　北京长城冶金机械厂		336,000.00
附单据数　2　张	合计　叁拾叁万陆仟元整	336,000.00	336,000.00

财务主管：　记账：周磊　复核：马英　出纳：　制单：demo　经办人：

业务 45：购买办公用品

2016 年 7 月 18 日，经领导批准，公司办公室周敬飞报销购买办公用品款 358.30 元。

北京增值税专用发票

1100104140　　北京增值税专用发票　　NO 59625707　　1100104140 NO 59625707

开票日期：2016年7月18日

购买方	名　　称：北京明基设备制造有限公司 纳税人识别号：65896325LKJHGYUI56 地 址、电 话：北京市海淀区联想桥青云当代大厦4-1 36548963 开户行及账号：中国建设银行北京中山支行21201501200053025041	密码区	6877789*&^*(&%45*&^)(*&*(%(6^^#%#@#$@342vkh%43223216+5456132415?><$#@$#+128$+151#@$@$+177@+1103+1129#@Q$@#R#564816#r3w4165151@#553#$%#5+128&^#$&^3515618651*^%651651&$

货物或应税劳务、服务名称	规格型号	单位	数量	单价	金额	税率	税额
办公用品			1.00	306.24	306.24	17%	52.06
合　　计					¥306.24		¥52.06
价税合计（大写）	叁佰伍拾捌元叁角整				（小写）		¥358.30

销售方	名　　称：北京京东世纪贸易有限公司 纳税人识别号：658454852145632 地 址、电 话：北京市朝阳区北辰西路8号 88105500 开户行及账号：中国工商银行朝阳支行 6222025213588	备注	北京京东世纪贸易有限公司 658454852145632 发票专用章 212154795469875

收款人：方芳　　复核：陆荣　　开票人：方芳　　销售方：（章）

第三联：发票联　购买方记账凭证

北京明基设备制造有限公司资金申请单

2016 年 7 月 18 日　　NO.045

部门：办公室　　申请项目：购办公用品

申请金额（大写）：叁佰伍拾捌元叁角整　¥ 358.30

请款理由：支付购买办公用品费用

单位负责人：王珊印　　部门负责人：李明印文　　财务负责人：杨林印　　经手人：周敬飞

记账凭证

本币：人民币　单位：元

====================

2016 年 7 月 18 日

核算单位：[001]北京明基设备制造有限公司　　第0045号 - 0001/0001

摘　　要	会　计　科　目	借方金额	贷方金额
周敬飞购办公用品	管理费用/办公费	306.25	
周敬飞购办公用品	应交税费/应交增值税/进项税额	52.05	
周敬飞购办公用品	库存现金		358.30
附单据数　2　张	合计　叁佰伍拾捌元叁角零分	358.30	358.30

财务主管：　记账：周磊　复核：马英　出纳：　制单：demo　经办人：

业务 46：申请出差备用金

2016 年 7 月 20 日，经营部邹悦琪去大连出差，经领导批准，申请出差备用金 3 000.00 元。

中国建设银行 China Construction Bank

电汇凭证　No256358489

币别：　2016年 7月20日　流水号：

汇款方式		✓普通		□加急	
汇款人	全　称	北京明基设备制造有限公司	收款人	全　称	邹悦琪
	账　号	21201501200053025041		账　号	62232569854125635
	汇出行名称	中国建设银行北京中山支行		汇入行名称	中国工商银行北京支行
金额	（大写）叁仟元整			亿千百十万千百十元角分	¥300000
			支付密码		
			附加信息及用途：出差备用金		
					客户签章

会计主管　授权　复核　录入

第二联　客户回单

（印章：中国建设银行北京中山支行 2016.7.20 转账 转讫）

北京明基设备制造有限公司

备用金申请单

申请部门：经营部			申请日期：2016年7月20日	
申请人员明细	姓名	职位	申请金额	申请用途
	邹悦琪	职员	3 000	差旅费

申请金额合计：¥3,000.00（小写金额）　叁仟元整（人民币大写）

（大写示例：壹、贰、叁、肆、伍、陆、柒、捌、玖、拾、佰、仟、万、元、角、分、零、整）

支付方式：

□ 现金　领款人签字：

■ 银行转账　收款人：

开户行：

银行账号：

申请部门/负责人（签署部门意见）：同意

部门主管/经理审批：习城印	财务部核准：杨林印	高级运营经理审批：王珊印珊
2016 年 7 月 20 日	2016 年 7 月 20 日	2016 年 7 月20 日

北京明基设备制造有限公司资金申请单

2016 年 7 月 20日　　NO.046

部门：经营部　　申请项目：出差备用金

申请金额（大写）：叁仟元整　　¥ 3,000.00

请款理由：支付出差备用金

单位负责人 珊王印珊　　部门负责人 辉张印光　　财务负责人 印杨林　　经手人 邹悦琪

记账凭证

本币：人民币　单位：元

2016 年 7 月 20 日

核算单位：[001]北京明基设备制造有限公司　　第0046号 - 0001/0001

摘　要	会计科目	借方金额	贷方金额
邹悦琪请出差备用金	其他应收款/邹悦琪	3,000.00	
邹悦琪请出差备用金	银行存款/建设银行		3,000.00
附单据数　3　张	合计　叁仟元整	3,000.00	3,000.00

财务主管：　记账：周磊　复核：马英　出纳：　制单：demo　经办人：

业务 47：生产电机车领用螺杆式空压机

2016 年 7 月 20 日，生产电机车领用螺杆式空压机 10 台，金额 294 871.79 元。

北京明基设备制造有限公司

出 库 单

产品名称：电机车　　2016年7月20日　　单号：43435815

名称	规格	单位	数量	单价	金额	备注
螺杆式空压机		台	10	29,487.18	294,871.79	
合计金额（大写）	贰拾玖万肆仟捌佰柒拾壹元柒角玖分				小写：294,871.79	

主管 张辉　　会计 周磊　　保管员 李纳　　经手人 王力

记账凭证

本币：人民币　单位：元

2016 年 7 月 20 日

核算单位：[001]北京明基设备制造有限公司　　第0047号 - 0001/0001

摘　要	会 计 科 目	借方金额	贷方金额
生产电机车领用螺杆式空压机10台	生产成本/电机车/直接材料	294,871.79	
生产电机车领用螺杆式空压机10台	原材料/外购件/螺杆式空压机		294,871.79
附单据数 1 张	合计 贰拾玖万肆仟捌佰柒拾壹元柒角玖分	294,871.79	294,871.79

财务主管：　记账：周磊　复核：马英　出纳：　制单：demo　经办人：

业务 48：生产电机车领用轴箱体

2016 年 7 月 20 日，生产电机车领用轴箱体 20 套，金额 34 188.03 元。

北京明基设备制造有限公司

出 库 单

产品名称：电机车　　2016年7月20日　　单号：43435816

名称	规格	单位	数量	单价	金额	备注
轴箱体		套	20	1,709.40	34,188.03	
合计金额（大写）	叁万肆仟壹佰捌拾捌元零叁分				小写：34,188.03	

主管 张辉　　会计 周磊　　保管员 李纳　　经手人 王力

记账凭证

本币：人民币　单位：元

2016 年 7 月 20 日

核算单位：[001]北京明基设备制造有限公司　　第0048号 - 0001/0001

摘 要	会 计 科 目	借方金额	贷方金额
生产电机车领用轴箱体20套	生产成本/电机车/直接材料	34,188.03	
生产电机车领用轴箱体20套	原材料/外购件/轴箱体		34,188.03
附单据数 1 张	合计 叁万肆仟壹佰捌拾捌元零角叁分	34,188.03	34,188.03

财务主管：　　记账：周磊　　复核：马英　　出纳：　　制单：demo　　经办人：

业务49：生产电机车领用减震弹簧

2016年7月20日，生产电机车领用减震弹簧20套，金额5 982.91元。

北京明基设备制造有限公司

出　库　单

产品名称：电机车　　　　2016年7月20日　　　　单号：43435817

名称	规格	单位	数量	单价	金额	备注
减震弹簧		套	20	299.15	5,982.91	
合计金额（大写）	伍仟玖佰捌拾贰元玖角壹分				小写：5,982.91	

主管　张辉　　会计　周磊　　保管员　李纳　　经手人　王力

记账凭证

本币：人民币　单位：元

2016年 7 月 20日

核算单位：[001]北京明基设备制造有限公司　　　　第0049号 - 0001/0001

摘　要	会　计　科　目	借方金额	贷方金额
生产电机车领用减震弹簧20套	生产成本/电机车/直接材料	5,982.91	
生产电机车领用减震弹簧20套	原材料/外购件/减震弹簧		5,982.91
附单据数　1　张	合计　伍仟玖佰捌拾贰元玖角壹分	5,982.91	5,982.91

财务主管：　　记账：周磊　　复核：马英　　出纳：　　制单：demo　　经办人：

业务 50：生产焦罐运载车领用钢材

2016 年 7 月 20 日，生产焦罐运载车领用钢材 225 吨，金额 623 977.09 元。

北京明基设备制造有限公司

出　库　单

产品名称：焦罐运载车　　2016年7月20日　　单号：43435818

名称	规格	单位	数量	单价	金额	备注
钢材		吨	225	2,773.23	623,977.09	
合计金额（大写）	陆拾贰万叁仟玖佰柒拾柒元零玖分				小写：623,977.09	

主管　张辉　　会计　周磊　　保管员 李纳　　经手人　王力

记账凭证

本币：人民币　单位：元

2016 年 7 月 20 日

核算单位：[001]北京明基设备制造有限公司　　第0050号 － 0001/0001

摘　要	会　计　科　目	借方金额	贷方金额
生产焦罐运载车领用钢材225吨	生产成本/熄焦车/直接材料	623,977.09	
生产焦罐运载车领用钢材225吨	原材料/钢材		623,977.09
附单据数　1　张	合计　陆拾贰万叁仟玖佰柒拾柒元零角玖分	623,977.09	623,977.09

财务主管：　记账：周磊　复核：马英　出纳：　制单：demo　经办人：

业务 51：提取备用金

2016 年 7 月 20 日，经领导批准，出纳去银行提备用金 5 000.00 元。

中国建设银行
现金支票存根
25631466
10632495
附加信息
出票日期 2016年7月20日
收款人：北京明基设备制造有限公司
金额：5,000.00
用途：备用金
单位主管 会计

中国建设银行 China Construction Bank 现金支票
25631466
10632495

付款期限自出票之日十天

出票日期（大写） 贰零壹陆 年 零柒 月 贰拾日 付款行名称：中国建设银行北京中山支行
收款人：北京明基设备制造有限公司 出票人账号：21201501200053025041

人民币（大写）	亿	千	百	十	万	千	百	十	元	角	分
伍仟元整					¥	5	0	0	0	0	0

用途：备用金 密码：
行号：
下列款项请从
我账户内支付
出票人签章 复核： 记账：

记账凭证

本币：人民币 单位：元

2016 年 7 月 20 日

核算单位：[001]北京明基设备制造有限公司 第0051号 - 0001/0001

摘 要	会 计 科 目	借方金额	贷方金额
提备用金	库存现金	5,000.00	
提备用金	银行存款/建设银行		5,000.00
附单据数 1 张	合计 伍仟元整	5,000.00	5,000.00

财务主管： 记账：周磊 复核：马英 出纳： 制单：demo 经办人：

业务 52：生产电机车领用梯踏板

2016 年 7 月 20 日，生产电机车领用梯踏板 40 个，金额 13 162.39 元。

北京明基设备制造有限公司

出 库 单

产品名称：电机车　　2016年7月20日　　单号：43435819

名称	规格	单位	数量	单价	金额	备注
梯踏板		个	40	329.06	13,162.39	
合计金额（大写）	壹万叁仟壹佰陆拾贰元叁角玖分				小写：13,162.39	

主管 张辉　　会计 周磊　　保管员 李纳　　经手人 王力

记账凭证

本币：人民币　单位：元

2016 年 7 月 20 日

核算单位：[001]北京明基设备制造有限公司　　第0052号 - 0001/0001

摘 要	会 计 科 目	借方金额	贷方金额
生产电机车领用梯踏板40个	生产成本/电机车/直接材料	13,162.39	
生产电机车领用梯踏板40个	原材料/外购件/梯踏板		13,162.39
附单据数 1 张	合计 壹万叁仟壹佰陆拾贰元叁角玖分	13,162.39	13,162.39

财务主管：　　记账：周磊　　复核：马英　　出纳：　　制单：demo　　经办人：

业务 53：生产电机车领用散热器

2016 年 7 月 20 日，生产电机车领用散热器 15 台，金额 166 666.67 元。

北京明基设备制造有限公司

出　库　单

产品名称：电机车　　　　2016年7月20日　　　　单号：43435820

名称	规格	单位	数量	单价	金额	备注
散热器		台	15	11,111.11	166,666.67	
合计金额（大写）	壹拾陆万陆仟陆佰陆拾陆元陆角柒分				小写：166,666.67	

主管　张辉　　会计　周磊　　保管员 李纳　　经手人　王力

记账凭证

本币：人民币　单位：元

2016 年 7 月 20 日

核算单位：[001]北京明基设备制造有限公司　　第0053号 - 0001/0001

摘　要	会　计　科　目	借方金额	贷方金额
生产电机车领用散热器15台	生产成本/电机车/直接材料	166,666.67	
生产电机车领用散热器15台	原材料/外购件/散热器		166,666.67
附单据数　1　张	合计　壹拾陆万陆仟陆佰陆拾陆元陆角柒分	166,666.67	166,666.67

财务主管：　记账：周磊　复核：马英　出纳：　制单：demo　经办人：

业务 54：生产电机车领用监控系统

2016 年 7 月 20 日，生产电机车领用监控系统 5 套，金额 256 410.26 元

北京明基设备制造有限公司

出　库　单

产品名称：电机车　　2016年7月20日　　单号：43435821

名称	规格	单位	数量	单价	金额	备注
监控系统		套	5	51, 282. 05	256, 410. 26	
合计金额（大写）	贰拾伍万陆仟肆佰壹拾元贰角陆分				小写：256, 410. 26	

主管　张辉　　会计　周磊　　保管员 李纳　　经手人　王力

记账凭证

本币：人民币　单位：元

2016 年　7　月 20 日

核算单位：[001]北京明基设备制造有限公司　　第0054号 - 0001/0001

摘　要	会 计 科 目	借方金额	贷方金额
生产电机车领用监控系统5套	生产成本/电机车/直接材料	256,410.26	
生产电机车领用监控系统5套	原材料/外购件/监控系统		256,410.26
附单据数　1　张	合计　贰拾伍万陆仟肆佰壹拾元贰角陆分	256,410.26	256,410.26

财务主管:　　记账: 周磊　　复核: 马英　　出纳:　　制单: demo　　经办人:

业务 55：生产电机车领用高压钠灯

2016 年 7 月 20 日，生产电机车领用高压钠灯 20 套，金额 10 769.23 元。

北京明基设备制造有限公司

出　库　单

产品名称：电机车　　2016年7月20日　　单号：43435822

名称	规格	单位	数量	单价	金额	备注
高压钠灯		套	20	538.46	10,769.23	
合计金额（大写）	壹万零柒佰陆拾玖元贰角叁分			小写：10,769.23		

主管　张辉　　会计　周磊　　保管员　李纳　　经手人　王力

记账凭证

本币：人民币　单位：元

2016 年 7 月 20 日

核算单位：[001]北京明基设备制造有限公司　　第0055号 - 0001/0001

摘　要	会计科目	借方金额	贷方金额
生产电机车领用高压钠灯20套	生产成本/电机车/直接材料	10,769.23	
生产电机车领用高压钠灯20套	原材料/外购件/高压钠灯		10,769.23
附单据数　1　张	合计　壹万零柒佰陆拾玖元贰角叁分	10,769.23	10,769.23

财务主管：　记账：周磊　复核：马英　出纳：　制单：demo　经办人：

业务 56：生产电机车领用防盗门

2016 年 7 月 20 日，生产电机车领用防盗门 15 套，金额 20 000.00 元。

北京明基设备制造有限公司

出　库　单

产品名称：电机车　　2016年7月20日　　单号：43435823

名称	规格	单位	数量	单价	金额	备注
防盗门		套	15	1,333.33	20,000.00	
合计金额（大写）	贰万元整				小写：20,000.00	

主管　张辉　　会计　周磊　　保管员 李纳　　经手人　王力

记账凭证

本币：人民币　单位：元

2016 年 7 月 20 日

核算单位：[001]北京明基设备制造有限公司　　第0056号 - 0001/0001

摘　　要	会　计　科　目	借方金额	贷方金额
生产电机车领用防盗门15套	生产成本/电机车/直接材料	20,000.00	
生产电机车领用防盗门15套	原材料/外购件/防盗门		20,000.00
附单据数　1　张	合计　贰万元整	20,000.00	20,000.00

财务主管：　　记账：周磊　　复核：马英　　出纳：　　制单：demo　　经办人：

业务57：生产电机车领用电缆

2016年7月20日，生产电机车领用电缆600米，金额29 743.59元。

北京明基设备制造有限公司

出　库　单

产品名称：电机车　　　　2016年7月20日　　　　单号：43435824

名称	规格	单位	数量	单价	金额	备注
电缆		米	600	49.57	29,743.59	
合计金额（大写）	贰万玖仟柒佰肆拾叁元伍角玖分				小写：29,743.59	

主管　张辉　　会计　周磊　　保管员　李纳　　经手人　王力

记账凭证

本币：人民币　单位：元

2016年 7 月 20日

核算单位：[001]北京明基设备制造有限公司　　　　第0057号 - 0001/0001

摘　要	会计科目	借方金额	贷方金额
生产电机车领用电缆600米	生产成本/电机车/直接材料	29,743.59	
生产电机车领用电缆600米	原材料/外购件/电缆		29,743.59
附单据数　1　张	合计 贰万玖仟柒佰肆拾叁元伍角玖分	29,743.59	29,743.59

财务主管：　记账：周磊　复核：马英　出纳：　制单：demo　经办人：

业务 58：生产电机车领用轴套

2016 年 7 月 20 日，生产电机车领用轴套 40 套，金额 8 341.88 元。

北京明基设备制造有限公司

出　库　单

产品名称：电机车　　2016年7月20日　　单号：43435825

名称	规格	单位	数量	单价	金额	备注
轴套		套	40	208.55	8,341.88	
合计金额（大写）	捌仟叁佰肆拾壹元捌角捌分				小写：8,341.88	

主管　张辉　　会计　周磊　　保管员 李纳　　经手人　王力

记账凭证

本币：人民币　单位：元

2016 年 7 月 20 日

核算单位：[001]北京明基设备制造有限公司　　第0058号 - 0001/0001

摘　要	会计科目	借方金额	贷方金额
生产电机车领用轴套40套	生产成本/电机车/直接材料	8,341.88	
生产电机车领用轴套40套	原材料/外购件/轴套		8,341.88
附单据数　1　张	合计　捌仟叁佰肆拾壹元捌角捌分	8,341.88	8,341.88

财务主管：　记账：周磊　复核：马英　出纳：　制单：demo　经办人：

业务 59：生产电机车领用万向节联轴器

2016 年 7 月 20 日，生产电机车领用万向节联轴器 20 套，金额 119 658.12 元。

北京明基设备制造有限公司

出　库　单

产品名称：电机车　　　　2016年7月20日　　　　单号：43435827

名称	规格	单位	数量	单价	金额	备注
万向节联轴器		套	20	5, 982. 91	119, 658. 12	
合计金额（大写）	壹拾壹万玖仟陆佰伍拾捌元壹角贰分				小写：119, 658. 12	

主管　张辉　　　会计　周磊　　　保管员 李纳　　　经手人　王力

记账凭证

本币：人民币　单位：元

2016 年 7 月 20 日

核算单位：[001]北京明基设备制造有限公司　　　　第0059号 - 0001/0001

摘　要	会　计　科　目	借方金额	贷方金额
生产电机车领用万向节联轴器20套	生产成本/电机车/直接材料	119, 658. 12	
生产电机车领用万向节联轴器20套	原材料/外购件/万向节联轴器		119, 658. 12
附单据数　1　张	合计　壹拾壹万玖仟陆佰伍拾捌元壹角贰分	119, 658. 12	119, 658. 12

财务主管：　　记账：周磊　　复核：马英　　出纳：　　制单：demo　　经办人：

业务60：生产电机车领用控制变压器

2016年7月20日，生产电机车领用控制变压器5个，金额36 324.79元；领用制动电阻10个，金额18 376.07元。

北京明基设备制造有限公司

出 库 单

产品名称：电机车　　2016年7月20日　　单号：43435828

名称	规格	单位	数量	单价	金额	备注
控制变压器		个	5	7,264.96	36,324.79	
制动电阻		个	10	1,837.61	18,376.07	
合计金额（大写）	伍万肆仟柒佰元捌角陆分				小写：54,700.86	

主管 张辉　　会计 周磊　　保管员 李纳　　经手人 王力

记账凭证

本币：人民币　单位：元

2016年 7 月 20日

核算单位：[001]北京明基设备制造有限公司　　第0060号 - 0001/0001

摘要	会计科目	借方金额	贷方金额
生产电机车领用变压器5个、制动电阻10个	生产成本/电机车/直接材料	54,700.86	
生产电机车领用变压器5个	原材料/外购件/控制变压器		36,324.79
生产电机车领用制动电阻10个	原材料/外购件/制动电阻		18,376.07
附单据数 1 张	合计 伍万肆仟柒佰元捌角陆分	54,700.86	54,700.86

财务主管：　记账：周磊　复核：马英　出纳：　制单：demo　经办人：

业务 61：收到进度款

2016 年 7 月 20 日，收到北京中钢设备股份有限公司进度款 3 900 000.00 元。

<table>
<tr><th colspan="8">中国建设银行网上银行电子回单</th></tr>
<tr><td>货币</td><td>人民币</td><td>日期：</td><td>2016-7-20</td><td>凭证号</td><td></td><td>交易流水号</td><td></td></tr>
<tr><td rowspan="3">付款人</td><td>全称</td><td colspan="2">北京中钢设备股份有限公司</td><td rowspan="3">收款人</td><td>全称</td><td colspan="2">北京明基设备制造有限公司</td></tr>
<tr><td>账号</td><td colspan="2">65815302</td><td>账号</td><td colspan="2">21201501200053025041</td></tr>
<tr><td>开户行</td><td colspan="2">中国建设银行北京东城区支行</td><td>开户行</td><td colspan="2">中国建设银行北京中山支行</td></tr>
<tr><td>大写金额</td><td colspan="3">叁佰玖拾万元整</td><td>小写金额</td><td colspan="3">3,900,000.00</td></tr>
<tr><td>用途</td><td colspan="5">进度款</td><td colspan="2" rowspan="4">中国建设银行 电子回单专用章</td></tr>
<tr><td>钞汇标志</td><td colspan="5">钞户</td></tr>
<tr><td colspan="6">重要提示：电子回单可重复打印，如您已通过银行柜台取得相应纸质回单，请注意核对，勿重复记账。</td></tr>
<tr><td colspan="6">第一次补打</td></tr>
</table>

记账凭证

本币：人民币　单位：元

2016 年 7 月 20 日

核算单位：[001]北京明基设备制造有限公司　　第0061号 - 0001/0001

摘　要	会　计　科　目	借方金额	贷方金额
收到中钢进度款	银行存款/建设银行	3,900,000.00	
收到中钢进度款 2016.07.20	预收账款　北京中钢设备股份有限公司		3,900,000.00
附单据数　1　张	合计　叁佰玖拾万元整	3,900,000.00	3,900,000.00

财务主管：　记账：周磊　复核：马英　出纳：　制单：demo　经办人：

业务 62：支付气体费用

2016 年 7 月 22 日，经领导批准，支付北京鑫源气体有限公司使用氧气、乙炔等气体费用 58 268.00 元。

中国建设银行
转账支票存根
25631853
10632632

附加信息

出票日期 2016年7月22日

收款人：北京鑫源气体有限公司

金额：58,268.00

用途：氧气、乙炔等气体费用

单位主管　　会计

中国建设银行 China Construction Bank　　转账支票　　25631853 10632632

出票日期（大写）贰零壹陆 年 零柒 月 贰拾贰日　付款行名称：中国建设银行北京中山支行

收款人：北京鑫源气体有限公司　　出票人账号：21201501200053025041

付款期限自出票之日十天

人民币（大写）	伍万捌仟贰佰陆拾捌元整	亿	千	百	十	万	千	百	十	元	角	分
					¥	5	8	2	6	8	0	0

用途：氧气、乙炔等气体费用　　密码：

行号：

下列款项请从
我账户内支付
出票人签章　　珊王印珊　　复核：　　记账：

1100104140　　北京增值税专用发票　　NO 59625708　　1100104140 NO 59625708

开票日期：2016年7月22日

购买方	名　　称：北京明基设备制造有限公司 纳税人识别号：65896325LKJHGYUI56 地 址、电 话：北京市海淀区联想桥青云当代大厦4-1 36548963 开户行及账号：中国建设银行北京中山支行21201501200053025041	密码区	6877789*&^*(&%45*&^)(*&*(%(6^^#%#@#$@342vkh%43223216+5 456132415?><$#@$#+128$+151#@$@$+177@+1103+1129#@Q$@#R# 564816#r3w4165151@#553#$%#5+128&^#$&^3515618651*^%6516 51&$

货物或应税劳务、服务名称	规格型号	单位	数量	单价	金额	税率	税额
氧气、乙炔等气体			1.00	49,801.71	49,801.71	17%	8,466.29
合　计					¥ 49,801.71		¥ 8,466.29
价税合计（大写）	伍万捌仟贰佰陆拾捌元整				（小写）58,268.00		

销售方	名　　称：北京鑫源气体有限公司 纳税人识别号：563254896325458 地 址、电 话：北京市海淀区西工南路　456696325 开户行及账号：中国工商银行西工支行　6222025213588	备注	北京鑫源气体有限公司 563254896325458 发票专用章

收款人：田鹏　　复核：杨铭　　开票人：田鹏　　销售方：（章）

第三联：发票联　购买方记账凭证

北京明基设备制造有限公司资金申请单

2016 年 7 月 22 日　　NO.062

部门：采购部　　申请项目：支付气体费用

申请金额（大写）：伍万捌仟贰佰陆拾捌元整 ¥ 58,268.00

请款理由：支付北京鑫源气体有限公司使用氧气、乙炔等气体费用

单位负责人 王珊印珊　部门负责人 张雨齐印　财务负责人 杨林印　经手人 张天

记账凭证

本币：人民币　单位：元

2016 年 7 月 20 日

核算单位：[001]北京明基设备制造有限公司　　第0062号 - 0001/0001

摘　要	会 计 科 目	借方金额	贷方金额
购氧气、乙炔等气体	制造费用/气体费	49,801.71	
购氧气、乙炔等气体	应交税费/应交增值税/进项税额	8,466.29	
购氧气、乙炔等气体	银行存款/建设银行		58,268.00
附单据数 3 张	合计 伍万捌仟贰佰陆拾捌元整	58,268.00	58,268.00

财务主管:　记账：周磊　复核：马英　出纳:　制单：demo　经办人:

业务 63：购工厂用标准件

2016 年 7 月 22 日，经领导批准，刘一男购工厂用标准件一批 35 000.00 元。

中国建设银行 China Construction Bank

电汇凭证

No256358489

币别：　　　　2016年 7月22日　　　　流水号：

汇款方式		✓普通　　□加急			
汇款人	全　称	北京明基设备制造有限公司	收款人	全　称	北京富华标准件有限公司
	账　号	21201501200053025041		账　号	6253698452356
	汇出行名称	中国建设银行北京中山支行		汇入行名称	中国工商银行北京支行
金额	（大写）叁万伍仟元整			亿千百十万千百十元角分	¥3500000
			支付密码		
			附加信息及用途：购工厂用标准件一批		
			客户签章		

会计主管　　授权　　复核　　录入

第二联　客户回单

中国建设银行北京中山支行 2016.7.22 转账 转讫

1100104140　　**北京增值税专用发票**　　NO 59625708

1100104140
NO 59625708

开票日期：2016年7月22日

购买方	名　称：北京明基设备制造有限公司 纳税人识别号：65896325LKJHGYUI56 地 址、电 话：北京市海淀区联想桥青云当代大厦4-1 36548963 开户行及账号：中国建设银行北京中山支行21201501200053025041	密码区	6877789*&^*(&%45*&^)(*&*(%(6^^#%#@#$@342vkh%43223216+5456132415?><$#@$#+128$+151#@$@$+177@+1103+1129#@Q$@#R#564816#r3w4165151@#553#$%#5+128&^#$&^3515618651*^%651651&$

货物或应税劳务、服务名称	规格型号	单位	数量	单价	金额	税率	税额
标准件（详见明细）		批	1.00	29,914.53	29,914.53	17%	5,085.47
合　计					¥29,9[illegible]		5,085.47
价税合计（大写）	叁万伍仟元整				（小写）		35,000.00

销售方	名　称：北京富华标准件有限公司 纳税人识别号：36521458963256956 地 址、电 话：北京市西城区西直门东街 12563258 开户行及账号：中国工商银行北京支行 6253698452356	备注	

收款人：扬沙　　复核：张志　　开票人：扬沙　　销售方：（章）

第三联：发票联　购买方记账凭证

北京富华标准件有限公司 36521458963256956 发票专用章

北京明基设备制造有限公司资金申请单

2016 年 7 月 22 日　　NO.063

部门：采购部　　申请项目：购工厂用标准件

申请金额（大写）：叁万伍仟元整　　¥ 35,000.00

请款理由：支付购工厂用标准件一批

单位负责人：王珊印　　部门负责人：张雨齐印　　财务负责人：杨林印　　经手人：刘一男

记账凭证

本币：人民币　单位：元

2016 年 7 月 22 日

核算单位：[001]北京明基设备制造有限公司　　第0063号 - 0001/0001

摘　要	会　计　科　目	借方金额	贷方金额
刘一男采购标准件	制造费用/物料消耗	29,914.53	
刘一男采购标准件	应交税费/应交增值税/进项税额	5,085.47	
刘一男采购标准件	银行存款/建设银行		35,000.00
附单据数　3　张	合计　叁万伍仟元整	35,000.00	35,000.00

财务主管：　　记账：周磊　　复核：马英　　出纳：　　制单：demo　　经办人：

业务 64：购买大客车

2016 年 7 月 22 日，经领导批准从北京沃尔沃 4S 销售有限公司购买沃尔沃 XW6125A 大客车一辆，金额 1 200 000.00 元，用于工厂员工通勤。

中国建设银行
转账支票存根
25631854
10632633
附加信息
出票日期 2016年7月22日
收款人：北京沃尔沃4S销售有限公司
金额：1,200,000.00
用途：采购沃尔沃XW6125A大客车
单位主管　　会计

中国建设银行 China Construction Bank　　转账支票　　25631854 10632633

付款期限自出票之日十天

出票日期（大写）贰零壹陆 年 零柒 月 贰拾贰日　　付款行名称：中国建设银行北京中山支行
收款人：北京沃尔沃4S销售有限公司　　出票人账号：21201501200053025041

人民币（大写）	伍万捌仟贰佰陆拾捌元整	亿	千	百	十	万	千	百	十	元	角	分
			¥	1	2	0	0	0	0	0	0	0

用途：沃尔沃XW6125A大客车　　密码：
行号：
上列款项请从
我账户内支付
出票人签章　　北京明基设备制造有限公司 财务专用章　　王珊印　　复核：　　记账：

机 动 车 销 售 统 一 发 票

发 票 联

开票日期 2016年7月22日　　发票代码 1256358635　　发票号码 00253689

机打代码 机打号码 机打编号	发票代码 1256358635 发票号码 00253689		税控码	校验码 :84562GHB56G3D1253367442566		
购买方名称及身份证号码组织机构代码	北京明基设备制造有限公司		纳税人识别号	65896325LKJHGYUI56		
车辆类型	大客车	厂牌型号	沃尔沃XW6125A		产地	北京
合格证号	WA52365S63589536	进口证明书号			商检单号	
发动机号码	237653		车辆识别代号/车架号码	ASG52F63D2F5G4563		
价税合计	壹佰贰拾万元整				小写	¥1,200,000.00
销货单位名称	北京沃尔沃4S销售有限公司			电话	632546325	
纳税人识别号	256325489163425184			账号	6325896342154897643	
地址	北京市海淀区一格大楼		开户银行	中国工商银行上合支行		
增值税税率或征收率	0.17	增值税税额	¥174,358.97	主管税务机关及代码	北京市海淀区国税局	
不含税价	小写 ¥1,025,641.03	完税凭证号码		吨数	限乘人数	49

销货单位盖章　　开票人：王龙　　备注：一人一票

第一联发票联（购货单位付账凭证）（手开无效）

固定资产卡片

卡片编号　0070　　　　日期　2016-7-22

固定资产编号	0070	固定资产名称	沃尔沃XW6125A大客车		
类别编号	03	类别名称	运输工具		
规格型号	XW6125A	部门名称	工厂		
增加方式	直接购入	存放地点	工厂		
使用状况	在用	使用年限	5年	折旧方法	直线
总作总量		累计工作量		工作量单位	
启用日期	2016.7.22	已提月份		币种	
原值	1,025,641.03	净残值率	5%	净残值	51,282.05
累计折旧		月折旧率		月折旧额	16,239.32
净值		对应折旧科目	制造费用	项目	

录入人　张生　　　　录入日期　2016.7.22

北京明基设备制造有限公司资金申请单

2016 年 7 月 22 日　　　NO.064

部门：采购部　　　申请项目：购买大客车

申请金额（大写）：壹佰贰拾万元整　　¥ 1 200 000.00

请款理由：购买北京沃尔沃4S销售有限公司沃尔沃XW6125A大客车一辆

单位负责人 王珊珊印　　部门负责人 张雨齐印　　财务负责人 杨林印　　经手人 刘一男

记账凭证

本币：人民币　单位：元

====================

2016 年 7 月 22 日

核算单位：[001]北京明基设备制造有限公司　　第0064号 - 0001/0001

摘　要	会　计　科　目	借方金额	贷方金额
购沃尔沃XW6125A客车一辆	固定资产/运输工具	1,025,641.03	
购沃尔沃XW6125A客车一辆	应交税费/应交增值税/进项税额	174,358.97	
购沃尔沃XW6125A客车一辆	银行存款/建设银行		1,200,000.00
附单据数　3　张	合计　壹佰贰拾万元整	1,200,000.00	1,200,000.00

财务主管：　记账：周磊　复核：马英　出纳：　制单：demo　经办人：

业务 65：购买客车保险

2016 年 7 月 22 日，经领导批准，从平安保险公司购买沃尔沃客车保险，共计 46 232.00 元。

中国建设银行
转账支票存根
25631856
10632636

附加信息

出票日期 2016年 7月22 日
收款人：北京平安保险公司
金额：46,232.00
用途：沃尔沃客车保险
单位主管　　会计

中国建设银行 China Construction Bank　转账支票　25631856　10632636

出票日期（大写）贰零壹陆 年 零柒 月 贰拾贰日　付款行名称：中国建设银行北京中山支行

收款人：北京平安保险公司　出票人账号：21201501200053025041

付款期限自出票之日十天

人民币（大写）	亿	千	百	十	万	千	百	十	元	角	分
肆万陆仟贰佰叁拾贰元整				¥	4	6	2	3	2	0	0

用途：沃尔沃客车保险　密码：
行号：

下列款项请从
我账户内支付
出票人签章：　珊王印珊　复核：　记账：

1100104140　北京增值税专用发票　NO 59625712　1100104140　NO 59625712

开票日期：2016年7月22日

购买方
名　　称：北京明基设备制造有限公司
纳税人识别号：65896325LKJHGYUI56
地 址、电 话：北京市海淀区联想桥青云当代大厦4-1 36548963
开户行及账号：中国建设银行北京中山支行21201501200053025041

密码区
6877789*&^*(&%45*&^)(*&*(%(6^^#%#@#$@342vkh%43223216+5
456132415?><$#@$#+128$+151#@$@$+177@+1103+1129#@Q$@#R#
564816#r3w4165151@#553#$%#5+128&^#$&^3515618651*^%6516
51&$

货物或应税劳务、服务名称	规格型号	单位	数量	单价	金额	税率	税额
其他财产保险服务			1.00	30,134.34	30,134.34	6%	1,808.06
机动车交通事故责任强制保险服务			1.00	12,914.72	12,914.72	6%	774.88
合　　计					¥　43,049.06		¥　2,582.94
价税合计（大写）	肆万伍仟陆佰叁拾贰元整				（小写）		¥　45,632.00

销售方
名　　称：北京平安保险公司
纳税人识别号：3652589632545163
地 址、电 话：北京市怀柔区长安街西南路　523652361
开户行及账号：中国建设银行长安支行　456325125896325

备注：车牌号：京C5632，保、批单号：805045632541556325415等；税款所属期：2016年01月-12月。当年车船税：600.00元，合计：600.00元，总计46232.00元

收款人：王瑞　复核：孟琪　开票人：王瑞　销售方：（章）

第三联：发票联 购买方记账凭证

记账凭证

本币：人民币　单位：元

====================

2016 年 7 月 22 日

核算单位：[001]北京明基设备制造有限公司　　第0065号 - 0001/0001

摘　要	会　计　科　目	借方金额	贷方金额
购买沃尔沃客车保险	管理费用/办公费	43,049.06	
购买沃尔沃客车保险	应交税费/应交增值税/进项税额	2,582.94	
购买沃尔沃客车保险	管理费用/车船税	600.00	
购买沃尔沃客车保险	银行存款/建设银行		46,232.00
附单据数　2　张	合计　肆万陆仟贰佰叁拾贰元整	46,232.00	46,232.00

财务主管：　　记账：周磊　　复核：马英　　出纳：　　制单：demo　　经办人：

业务66：缴纳车辆购置税

2016年7月22日，经领导批准，缴纳车辆购置税102 564.10元。

中国建设银行
转账支票存根
25631857
10632637

附加信息

出票日期 2016年7月22日

收款人：北京市税务局

金额：102,564.10

用途：车辆购置税

单位主管 会计

中国建设银行 China Construction Bank 转账支票

25631857
10632637

出票日期（大写）贰零壹陆 年 零柒 月 贰拾贰日 付款行名称：中国建设银行北京中山支行

收款人：北京市税务局 出票人账号：21201501200053025041

付款期限自出票之日十天

人民币（大写）	壹拾万零贰仟伍佰陆拾肆元壹角整	亿	千	百	十	万	千	百	十	元	角	分
				¥	1	0	2	5	6	4	1	0

用途：车辆购置税 密码：

行号：

下列款项请从
我账户内支付
出票人签章 珊王印珊 复核： 记账：

中华人民共和国
税收完税证明

（101）京国证 01321456

填发日期：2016 年 7 月 22 日 税务机关：北京市国家税务局车辆购置税征收管理局

纳税人识别号	65896325LKJHGYUI56		纳税人名称	北京明基设备制造有限公司	
原凭证号	税种	品目名称	税款所属时期	入(退)库时间	实缴(退)金额
632547859633654125	车辆购置税	车辆购置税	2016-07-15~2016-07-15	2016-07-22	¥102, 564. 10
金额合计	（大写）壹拾万零贰仟伍佰陆拾肆元壹角整				¥102, 564. 10
税务机关（盖章）	填票人 张明		备注		

妥善保管、手写无效

第一联（收据）交纳税人作完税证明

固定资产变更单

卡片编号 0070-1　　日期 2016- 7- 22

固定资产编号	0070-1	固定资产名称	沃尔沃XW6125A大客车		
类别编号	03	类别名称	运输工具		
规格型号	XW6125A	部门名称	工厂		
增加方式	直接购入	存放地点	工厂		
使用状况	在用	使用年限	5年	折旧方法	直线
总作总量		累计工作量		工作量单位	
启用日期	2016.7.22	已提月份		币种	
增加原值	102,564.10	净残值率	5%	净残值	5,128.21
累计折旧		月折旧率		月折旧额	1,623.93
净值		对应折旧科目	制造费用	项目	

录入人 张生　　录入日期 2016.7.22

记账凭证

本币：人民币　单位：元

2016 年 7 月 22 日

核算单位：[001]北京明基设备制造有限公司　　第0066号 - 0001/0001

摘　要	会 计 科 目	借方金额	贷方金额
缴纳车辆购置税	固定资产/运输工具	102,564.10	
缴纳车辆购置税	银行存款/建设银行		102,564.10
附单据数 2 张	合计 壹拾万零贰仟伍佰陆拾肆元壹角零分	102,564.10	102,564.10

财务主管:　记账：周磊　复核：马英　出纳:　制单：demo　经办人:

业务 67：报销差旅费等

2016 年 7 月 25 日，经领导批准，邹悦琪报销差旅费 2 826.00 元、住宿费 1 200.00 元（增值税专票）、业务招待费 3 500.00 元。

中国建设银行网上银行电子回单					
货币	人民币	日期： 2016-7-25	凭证号		交易流水号
付款人	全称	北京明基设备制造有限公司	收款人	全称	邹悦琪
	账号	21201501200053025041		账号	62232569854125635
	开户行	中国建设银行北京中山支行		开户行	中国工商银行北京支行
大写金额	肆仟伍佰贰拾陆元整		小写金额	4,526.00	
用途	出差费用			中国建设银行 电子回单专用章	
钞汇标志	钞户				
重要提示：电子回单可重复打印，如您已通过银行柜台取得相应纸质回单，请注意核对，勿重复记账。					
第一次补打					

航空运输电子客票行程单
ITINERARY/RECEIPT OF E-TICKET FOR AIR TRANSPORT

印刷序号： 26325896352 4
SERIAL NUMBER:

旅客姓名 NAME OF PASSENGER	有效身份证 ID.NO.	签证 ENDORSEMENTS/RESTRICTIONS(CARBON)
邹悦琪		变更退票收费 4

	承运人 CARRIER	航班号 FLIGHT	座位等级 CLASS	日期 DATE	时间 TIME	客票级别/客票类别 FARE BASIS	客票生效日期 NOTVALID BEFORE	有效截止日期 NOT VALID AFTER	免费行李 ALLOW
自 FROM 北京 PEK	京航	SN2563	Y	2016-07-20	14:10	Y			20K
至 TO 大连 DA LIAN									
至 TO VOID									
至 TO									
至 TO	票价 FARE CNY 560.0		民航发展基金 CAAC DEVELOPMENT FUND CNY CN 50.0		燃油附加费 FUEL SURCHARGE CNY YQ 70.0	其他税费 OTHER TAXES 0.0	合计 TOTAL CNY 750.0		

电子客票号码 E-TICKET NO.	425635896354	验证码 CK. 2536	提示信息 INFORMATION	保险费 INSURANCE	XXX
销售单位代号 AGENT CODE		填开单位 ISSUDE BY	纵横天地电子商旅服务有限公司	填开日期 DATE OF ISSUE	2016-7-20

3652359652　**大连增值税专用发票**　NO 63258963

3652359652
NO 63258963

开票日期：2016年7月24日

购买方	名　　称：北京明基设备制造有限公司 纳税人识别号：65896325LKJHGYUI56 地 址、电 话：北京市海淀区联想桥青云当代大厦4-1 36548963 开户行及账号：中国建设银行北京中山支行21201501200053025041	密码区	6877789*&^*(&%45*&^)(*&*(%(6^^#%#@#$@342vkh%43223216+5456132415?><$#@$#+128$+151#@$@$+177@+1103+1129#@Q$@#R#564816#r3w4165151@#553#$%#5+128&^#$&^3515618651*^%651651&$

货物或应税劳务、服务名称	规格型号	单位	数量	单价	金额	税率	税额
住宿费		天	4.00	283.02	1,132.08	6%	67.92
合　　计					¥1,132.08		¥67.92
价税合计（大写）	壹仟贰佰元整				（小写）		¥1,200.00

销售方	名　　称：大连星海天空连锁酒店 纳税人识别号：6523689632563254521 地 址、电 话：辽宁省大连市高新区广田大路　6223652151 开户行及账号：中国兴业银行大连支行　632145236985745	备注	

收款人：杨振　　复核：曾伟　　开票人：杨振　　销售方：（章）

第三联：发票联　购买方记账凭证

北京明基设备制造有限公司资金申请单

2016年 7 月 25日　　　　NO.067

部门：经营部　　　　申请项目：差旅费

申请金额（大写）：肆仟伍佰贰拾陆元整　¥ 4,526.00

请款理由：报销差旅费

单位负责人：王珊珊印　　部门负责人：张光辉印　　财务负责人：杨林印　　经手人：邹悦琪

记账凭证

本币：人民币　单位：元

====================

2016 年 7 月 25 日

核算单位：[001]北京明基设备制造有限公司　　　　第0067号 - 0001/0001

摘　要	会 计 科 目	借方金额	贷方金额
邹悦琪报销差旅费	销售费用/差旅费	3,958.08	
邹悦琪报销差旅费	销售费用/业务招待费	3,500.00	
邹悦琪报销差旅费	应交税费/应交增值税/进项税额	67.92	
邹悦琪报销差旅费	其他应收款/邹悦琪		3,000.00
邹悦琪报销差旅费	银行存款/建设银行		4,526.00
附单据数 22 张	合计 柒仟伍佰贰拾陆元整	7,526.00	7,526.00

财务主管：　记账：周磊　复核：马英　出纳：　制单：demo　经办人：

业务68：购买三星K2200ND复印机

2016年7月25日，经领导批准，为工厂购买三星K2200ND复印机一台，金额16 800.00元。

中国建设银行
转账支票存根
25631855
10632635

附加信息

出票日期 2016年7月25日

收款人：北京星云复印有限公司

金额：16,800.00

用途：购买三星K2200ND复印机

单位主管　　会计

中国建设银行 China Construction Bank　　转账支票　　25631855 10632635

付款期限自出票之日十天

出票日期（大写）贰零壹陆 年 零柒 月 贰拾伍 日　付款行名称：中国建设银行北京中山支行

收款人：北京星云复印有限公司　出票人账号：2120150120005302504l

人民币（大写）	壹万陆仟捌佰元整	亿	千	百	十	万	千	百	十	元	角	分
					¥	1	6	8	0	0	0	0

用途：购买三星K2200ND复印机　密码：

行号：

下列款项请从
我账户内支付
出票人签章　　财务专用章　　珊王印珊

复核：　　记账：

北京明基设备制造有限公司资金申请单

2016年 07 月 25日　　NO.068

部门：采购部　　申请项目：购买复印机

申请金额（大写）：壹万陆仟捌佰元整　¥ 16,800.00

请款理由：购买三星K2200ND复印机一台

单位负责人 珊王印珊　　部门负责人 齐张印雨　　财务负责人 印杨林　　经手人 刘一男

北京增值税专用发票

1100104140　　NO 59625710　　1100104140　NO 59625710

开票日期：2016年7月25日

购买方
名　　称：北京明基设备制造有限公司
纳税人识别号：65896325LKJHGYUI56
地 址、电 话：北京市海淀区联想桥青云当代大厦4-1 36548963
开户行及账号：中国建设银行北京中山支行21201501200053025041

密码区
6877789*&^*(&%45*&^)(*&*(%(6^^#%#@#$@342vkh%43223216+5456132415?><$#@$#+128$+151#@$@$+177@+1103+1129#@Q$@#R#564816#r3w4165151@#553#$%#5+128&^#$&^3515618651*^%651651&$

货物或应税劳务、服务名称	规格型号	单位	数量	单价	金额	税率	税额
三星K2200ND复印机		台	1.00	14,358.97	14,358.97	17%	2,441.03
合　　计					¥ 14,358.97		2,441.03

价税合计（大写）　壹万陆仟捌佰元整　（小写）16,800.00

销售方
名　　称：北京星云复印有限公司
纳税人识别号：25632541258963236
地 址、电 话：北京市东城区东田东街　6325485
开户行及账号：中国建设银行北京支行　456325125896325

备注：（北京星云复印有限公司 25632541258963236 发票专用章）

收款人：张丽萨　　复核：赵武　　开票人：张丽萨　　销售方：（章）

第三联：发票联　购买方记账凭证

固定资产卡片

卡片编号　0071　　　　日期　2016-7-25

固定资产编号	0071	固定资产名称	复印机		
类别编号	01	类别名称	电子设备		
规格型号	K2200ND	部门名称	工程部		
增加方式	直接购入	存放地点	工厂		
使用状况	在用	使用年限	3年	折旧方法	直线
总作总量		累计工作量		工作量单位	
启用日期	2016.7.25	已提月份		币种	
原值	14,358.97	净残值率	5%	净残值	717.95
累计折旧		月折旧率		月折旧额	378.92
净值		对应折旧科目	管理费用	项目	

录入人　张生　　　　录入日期　2016.7.25

记账凭证

本币：人民币 单位：元

2016年 7 月 25 日

核算单位：[001]北京明基设备制造有限公司 第0068号 - 0001/0001

摘 要	会 计 科 目	借方金额	贷方金额
购三星复印机	固定资产/电子设备	14,358.97	
购三星复印机	应交税费/应交增值税/进项税额	2,441.03	
购三星复印机	银行存款/建设银行		16,800.00
附单据数 3 张	合计 壹万陆仟捌佰元整	16,800.00	16,800.00

财务主管： 记账：周磊 复核：马英 出纳： 制单：demo 经办人：

业务69：购买A4复印纸

2016年7月25日，经领导批准，工厂购买A4复印纸2箱，金额272.00元。

1100104140　　北京增值税专用发票　　NO 59625711　　1100104140　NO 59625711

开票日期：2016年7月25日

购买方	名　　称：北京明基设备制造有限公司 纳税人识别号：65896325LKJHGYU156 地 址、电 话：北京市海淀区联想桥青云当代大厦4-1 36548963 开户行及账号：中国建设银行北京中山支行21201501200053025041	密码区	6877789*&^*(&%45*&^)(*&*(%(6^^#%#@#$@342vkh%43223216+5 456132415?><$#@$#+128$+151#@$@$+177@+1103+1129#@Q$@#R# 564816#r3w4165151@#553#$%#5+128&^#$&^3515618651*^%6516 51&$

货物或应税劳务、服务名称	规格型号	单位	数量	单价	金额	税率	税额
A4复印纸		箱	2.00	116.24	232.48	17%	39.52
合　　计					¥ 232.48		39.52
价税合计（大写）	贰佰柒拾贰元整						（小写）272.00

销售方	名　　称：北京星云复印有限公司 纳税人识别号：25632541258963236 地 址、电 话：北京市东城区东田东街　6325485 开户行及账号：中国建设银行北京支行　456325125896325	备注	北京星云复印有限公司 25632541258963236 发票专用章

收款人：张丽萨　　复核：赵武　　开票人：张丽萨　　销售方：（章）

第三联：发票联　购买方记账凭证

北京明基设备制造有限公司资金申请单

2016年7月25日　　NO.069

部门：采购部　　申请项目：购买复印纸

申请金额（大写）：贰佰柒拾贰元整　¥ 272.00

请款理由：购买A4复印纸2箱

单位负责人：王珊印　　部门负责人：张雨齐印　　财务负责人：杨林印　　经手人：刘一男

记账凭证

本币：人民币　单位：元

2016 年 7 月 25 日

核算单位：[001]北京明基设备制造有限公司　　第0069号 - 0001/0001

摘　要	会 计 科 目	借方金额	贷方金额
购A4复印纸	制造费用/办公费	232.48	
购A4复印纸	应交税费/应交增值税/进项税额	39.52	
购A4复印纸	库存现金		272.00
附单据数　2　张	合计　贰佰柒拾贰元整	272.00	272.00

财务主管：　记账：周磊　复核：马英　出纳：　制单：demo　经办人：

业务 70：申请出差备用金

2016 年 7 月 25 日，经领导批准，经营部孙晓东去济南出差，申请出差备用金 3 000.00 元。

北京明基设备制造有限公司资金申请单

2016 年 7 月 25日　　　　NO.070

部门：经营部　　　　申请项目：出差备用金

申请金额（大写）：叁仟元整　　　　¥ 3,000.00

请款理由：支付出差备用金

单位负责人：王珊印　　部门负责人：张光辉印　　财务负责人：杨林印　　经手人：孙晓东

北京明基设备制造有限公司

备用金申请单

申请部门：经营部			申请日期：2016年7月25日	
申请人员明细	姓名	职位	申请金额	申请用途
	孙晓东	职员	3 000	差旅费

申请金额合计：¥3,000.00（小写金额）　叁仟元整（人民币大写）

（大写示例：壹、贰、叁、肆、伍、陆、柒、捌、玖、拾、佰、仟、万、元、角、分、零、整）

支付方式：

□　现金　　领款人签字：

■　银行转账　　收款人：

开户行：

银行账号：

申请部门/负责人（签署部门意见）：同意

部门主管/经理审批：	财务部核准：	高级运营经理审批：
习城印	杨林印	王珊印
2016 年 7 月 25 日	2016 年 7 月 25 日	2016 年 7 月25 日

记账凭证

本币：人民币　单位：元

2016 年 7 月 25 日

核算单位：[001]北京明基设备制造有限公司　　第0070号 - 0001/0001

摘　要	会 计 科 目	借方金额	贷方金额
孙晓东申请出差备用金	其他应收款/孙晓东	3,000.00	
孙晓东申请出差备用金	库存现金		3,000.00
附单据数　2　张	合计　叁仟元整	3,000.00	3,000.00

财务主管：　记账：周磊　复核：马英　出纳：　制单：demo　经办人：

业务 71：采购销轴

2016 年 7 月 25 日，从北京华连机械厂采购销轴 144 件，含税价 250.00 元/件，金额 36 000.00 元，销轴到货，验收合格办理入库。

北京增值税专用发票

1100104140　　发票联　　NO 59625710　　1100104140　NO 59625710

开票日期：2016年7月25日

购买方	名　　称：北京明基设备制造有限公司 纳税人识别号：65896325LKJHGYUI56 地 址、电 话：北京市海淀区联想桥青云当代大厦4-1 36548963 开户行及账号：中国建设银行北京中山支行21201501200053025041	密码区	6877789*&^*(&%45*&^)(*&*(%(6^^#%#@#$@342vkh%43223216+5456132415?><$#@$#+128$+151#@$@$+177@+1103+1129#@Q$@#R#564816#r3w4165151@#553#$%#5+128&^#$&^3515618651*^%651651&$

货物或应税劳务、服务名称	规格型号	单位	数量	单价	金额	税率	税额
销轴		件	144.00	213.68	30,769.23	17%	5,230.77
合　　计					¥　30,769.23		¥　5,230.77
价税合计（大写）	叁万陆仟元整			（小写）			¥　36,000.00

销售方	名　　称：北京华连机械厂 纳税人识别号：69856933658963254 地 址、电 话：北京市东城区洛阳门东街　10145236 开户行及账号：中国建设银行北京支行　632548963351	备注	北京华连机械厂 69856933658963254 发票专用章

收款人：胡雪　　复核：李想　　开票人：胡雪　　销售方：（章）

第三联：发票联　购买方记账凭证

北京明基设备制造有限公司

入　库　单

产品名称：销轴　　2016年7月25日　　单号：43435829

名称	规格	单位	数量	单价	金额	备注
销轴		个	144	213.68	30,769.23	
合计金额（大写）	叁万零柒佰陆拾玖元贰角叁分				小写：30,769.23	

主管　张辉　　会计　周磊　　保管员　李纳　　经手人　王力

记账凭证

本币：人民币　单位：元

2016 年 7 月 25 日

核算单位：[001]北京明基设备制造有限公司　　第0071号 - 0001/0001

摘　　要	会 计 科 目	借方金额	贷方金额
采购销轴144件	原材料/外购件/销轴	30,769.23	
采购销轴144件	应交税费/应交增值税/进项税额	5,230.77	
采购销轴144件	应付账款　北京华连机械厂		36,000.00
附单据数　2　张	合计　叁万陆仟元整	36,000.00	36,000.00

财务主管：　记账：周磊　复核：马英　出纳：　制单：demo　经办人：

业务 72：报销柴油费

2016 年 7 月 25 日，经领导批准，工厂客车司机刘东江报柴油费 1 200.00 元。

北京增值税专用发票

1100104140　　　　NO 59625711　　1100104140　NO 59625711

发票联

开票日期：2016年7月25日

购买方	名　　称：北京明基设备制造有限公司 纳税人识别号：65896325LKJHGYU156 地 址、电 话：北京市海淀区联想桥青云当代大厦4-1 36548963 开户行及账号：中国建设银行北京中山支行21201501200053025041	密码区	6877789*&^*(&%45*&^)(*&*(%(6^^#%#@#$@342vkh%43223216+5456132415?><$#@$#+128$+151#@$@$+177@+1103+1129#@Q$@#R#564816#r3w4165151@#553#$%#5+128&^#$&^3515618651*^%651651&$

货物或应税劳务、服务名称	规格型号	单位	数量	单价	金额	税率	税额
0号车用柴油（111）	OM	kg	171.51	5.98	1,025.64	17%	174.36
合　　计					¥ 1,025.64		¥ 174.36
价税合计（大写）	壹仟贰佰元整				（小写）		¥ 1,200.00

销售方	名　　称：中国石油股份有限公司北京分公司 纳税人识别号：2563254125896332563 地 址、电 话：北京市朝阳区索虎大路36号 12563024 开户行及账号：中国工商银行北京索虎支行 632548963351	备注	中国石油股份有限公司北京分公司 2563254125896332563 发票专用章

收款人：张天　　复核：梁山　　开票人：张天　　销售方：（章）

第三联：发票联　购买方记账凭证

北京明基设备制造有限公司资金申请单

2016 年 7 月 25日　　　　NO.072

部门：工厂　　　　申请项目：柴油费

申请金额（大写）：壹仟贰佰元整　　¥ 1,200.00

请款理由：报销柴油费

单位负责人：王珊印　　部门负责人：胡天亮印　　财务负责人：杨林印　　经手人：刘东江

记账凭证

本币：人民币　单位：元

====================

2016 年 7 月 25 日

核算单位：[001]北京明基设备制造有限公司　　第0072号 - 0001/0001

摘　要	会 计 科 目	借方金额	贷方金额
刘东江报柴油费	制造费用/办公费	1,025.64	
刘东江报柴油费	应交税费/应交增值税/进项税额	174.36	
刘东江报柴油费	库存现金		1,200.00
附单据数　2　张	合计　壹仟贰佰元整	1,200.00	1,200.00

财务主管：　记账：周磊　复核：马英　出纳：　制单：demo　经办人：

业务 73：采购钢丝增强陶瓷纤维

2016 年 7 月 25 日，从北京奥特斯丁工业有限公司采购钢丝增强陶瓷纤维 270.00 米，含税价 30.00 元/米，金额 8 100.00 元。钢丝增强陶瓷纤维到货，验收合格办理入库。经领导批准，支付货款 8 100.00 元。

1100104140 北京增值税专用发票 NO 59625712 1100104140 NO 59625712

开票日期：2016年7月25日

购买方	名称：北京明基设备制造有限公司 纳税人识别号：65896325LKJHGYUI56 地址、电话：北京市海淀区联想桥青云当代大厦4-1 36548963 开户行及账号：中国建设银行北京中山支行21201501200053025041	密码区	6877789*&^*(&%45*&^)(*&*(%(6^^#%#@#$@342vkh%43223216+5456132415?><$#@$#+128$+151#@$@$+177@+1103+1129#@Q$@#R#564816#r3w4165151@#553#$%#5+128&^#$&^3515618651*^%651651&$

货物或应税劳务、服务名称	规格型号	单位	数量	单价	金额	税率	税额
钢丝增强陶瓷纤维		米	270.00	25.64	6,923.08	17%	1,176.92
合计					¥ 6,923.08		¥ 1,176.92
价税合计（大写）	捌仟壹佰元整						¥ 8,100.00

销售方	名称：北京奥特斯丁工业有限公司 纳税人识别号：635245896332541255 地址、电话：北京市海淀区联想桥北53号 632548963 开户行及账号：中国兴业银行北京支行 63258963241258963	备注	北京奥特斯丁工业有限公司 635245896332541255 发票专用章

收款人：宋河 复核：齐山 开票人：宋河 销售方：（章）

第三联：发票联 购买方记账凭证

中国建设银行 China Construction Bank

电汇凭证 No256358490

币别： 2016年 7月25日 流水号：

汇款方式	✓普通		□加急	
汇款人 全称	北京明基设备制造有限公司	收款人 全称	北京奥特斯丁工业有限公司	
账号	21201501200053025041	账号	63258963241258963	
汇出行名称	中国建设银行北京中山支行	汇入行名称	中国兴业银行北京支行	

金额	（大写）捌仟壹佰元整	亿	千	百	十	万	千	百	十	元	角	分
						¥	8	1	0	0	0	0

支付密码 中国建设银行北京中山支行

附加信息及用途：采购钢丝增强陶瓷纤维

转帐 转讫

客户签章

会计主管 授权 复核 录入

第二联 客户回单

北京明基设备制造有限公司

入 库 单

产品名称：钢丝增强陶瓷纤维　　2016年7月25日　　单号：43435830

名称	规格	单位	数量	单价	金额	备注
钢丝增强陶瓷纤维		米	270	25.64	6,923.08	
合计金额（大写）	陆仟玖佰贰拾叁元零捌分				小写：6,923.08	

主管 张辉　　会计 周磊　　保管员 李纳　　经手人 王力

北京明基设备制造有限公司资金申请单

2016年 07 月 25日　　NO.073

部门：采购部　　申请项目：采购钢丝增强陶瓷纤维

申请金额（大写）：捌仟壹佰元整　　¥ 8,100.00

请款理由：采购北京奥特斯丁工业有限公司钢丝增强陶瓷纤维

单位负责人 王珊印　　部门负责人 张雨齐印　　财务负责人 杨林印　　经手人 张天

记账凭证

本币：人民币　单位：元

2016年 7 月 25日

核算单位：[001]北京明基设备制造有限公司　　第0073号 - 0001/0001

摘　要	会 计 科 目	借方金额	贷方金额
购陶瓷纤维270米	原材料/外购件/陶瓷纤维	6,923.08	
购陶瓷纤维270米	应交税费/应交增值税/进项税额	1,176.92	
购陶瓷纤维270米	银行存款/建设银行		8,100.00
附单据数　4　张	合计 捌仟壹佰元整	8,100.00	8,100.00

财务主管：　记账：周磊　复核：马英　出纳：　制单：demo　经办人：

业务 74：采购吊杆

2016 年 7 月 26 日，从北京银利锋机械设备有限公司采购吊杆 26 套，含税价 11 800.00 元/套，金额 306 800.00 元。吊杆到货，验收合格办理入库。

1100104140　　北京增值税专用发票　　№ 59625712　　1100104140　NO 59625712

（印章：北京 发票联）

开票日期：2016年7月26日

购买方	名　　称：北京明基设备制造有限公司 纳税人识别号：65896325LKJHGYUI56 地 址、电 话：北京市海淀区联想桥青云当代大厦4-1 36548963 开户行及账号：中国建设银行北京中山支行21201501200053025041	密码区	6877789*&^*(&%45*&^)(*&*(%(6^^#%#@#$@342vkh%43223216+5456132415?><$#@$#+128$+151#@$@$+177@+1103+1129#@Q$@#R#564816#r3w4165151@#553#$%#5+128&^#$&^3515618651*^%651651&$

货物或应税劳务、服务名称	规格型号	单位	数量	单价	金额	税率	税额
吊杆		套	26.00	10,085.47	262,222.22	17%	44,577.78
合　　计					¥ 262,2[illegible]		¥ 44,577.78
价税合计（大写）	叁拾万零陆仟捌佰元整				（小写）		¥ 306,800.00

销售方	名　　称：北京银利锋机械设备有限公司 纳税人识别号：634569896325412587 地 址、电 话：北京市东城区东三环西路　36524896 开户行及账号：中国农业银行北京支行　69325489632145	备注	（印章：北京银利锋机械设备有限公司 634569896325412587 发票专用章）

收款人：胡雪娜　　复核：郭林　　开票人：胡雪娜　　销售方：（章）

第三联：发票联　购买方记账凭证

北京明基设备制造有限公司

入　库　单

产品名称：吊杆　　2016年7月26日　　单号：43435831

名称	规格	单位	数量	单价	金额	备注
吊杆		套	26	10,085.47	262,222.22	
合计金额（大写）	贰拾陆万贰仟贰佰贰拾贰元贰角贰分				小写：262,222.22	

主管　张辉　　会计　周磊　　保管员　李纳　　经手人　王力

记账凭证

本币：人民币　单位：元

2016 年 7 月 26 日

核算单位：[001]北京明基设备制造有限公司　　　第0074号 - 0001/0001

摘　要	会 计 科 目	借方金额	贷方金额
购吊杆26套	原材料/外购件/吊杆	262,222.22	
购吊杆26套	应交税费/应交增值税/进项税额	44,577.78	
购吊杆26套	应付账款　北京银利锋机械设备有限公司		306,800.00
附单据数　2　张	合计 叁拾万零陆仟捌佰元整	306,800.00	306,800.00

财务主管：　记账：周磊　复核：马英　出纳：　制单：demo　经办人：

业务 75：支付空调款

2016 年 7 月 26 日，经领导批准，支付广州冰凌制冷设备有限公司空调款 135 000.00 元。

中国建设银行 China Construction Bank

电汇凭证

No256358491

币别：　　　2016年 7月26日　　　流水号：

汇款方式	☑普通　☐加急				
汇款人	全称	北京明基设备制造有限公司	收款人	全称	广州冰凌制冷设备有限公司
	账号	21201501200053025041		账号	35263254125896325
	汇出行名称	中国建设银行北京中山支行		汇入行名称	中国民生银行广州支行
金额	（大写）壹拾叁万伍仟元整			亿千百十万千百十元角分	¥13500000
				支付密码	
				附加信息及用途：空调款	
				客户签章	

（印章：中国建设银行北京中山支行 2016.7.26 转帐 转讫）

会计主管　　授权　　复核　　录入

第二联 客户回单

北京明基设备制造有限公司资金申请单

2016 年 7 月 26日　　NO.075

部门：采购部　　申请项目：支付空调款

申请金额（大写）：壹拾叁万伍仟元整　¥ 135,000.00

请款理由：支付广州冰凌制冷设备有限公司空调款

单位负责人 王珊印珊　部门负责人 张齐印雨　财务负责人 杨林印　经手人 张天

记账凭证

本币：人民币　单位：元

2016 年 7 月 26 日

核算单位：[001]北京明基设备制造有限公司　　第0075号 - 0001/0001

摘　要	会 计 科 目	借方金额	贷方金额
支付广州冰凌公司空调款	应付账款　广州冰凌制冷设备有限公司	135,000.00	
支付广州冰凌公司空调款	银行存款/建设银行		135,000.00
附单据数　2　张	合计 壹拾叁万伍仟元整	135,000.00	135,000.00

财务主管：　记账：周磊　复核：马英　出纳：　制单：demo　经办人：

业务 76：支付液压制动器款

2016 年 7 月 26 日，经领导批准，支付昆明东方起重设备有限公司液压制动器款 386 100.00 元。

中国建设银行 China Construction Bank

电 汇 凭 证　　No256358492

币别：　　2016年 7月26日　　流水号：

汇款方式	☑普通　☐加急			
汇款人	全　称	北京明基设备制造有限公司	收款人 全　称	昆明东方起重设备有限公司
	账　号	21201501200053025041	账　号	36985412589632
	汇出行名称	中国建设银行北京中山支行	汇入行名称	中国商业银行昆明支行
金额	（大写）叁拾捌万陆仟壹佰元整		亿千百十万千百十元角分	¥38610000 0
			支付密码	
			附加信息及用途：液压制动器款	
			客户签章	

（印章：中国建设银行北京中山支行 转帐 转讫）

第二联 客户回单

会计主管　　授权　　复核　　录入

北京明基设备制造有限公司资金申请单

2016 年 7 月 26日　　NO.076

部门：采购部　　申请项目：支付液压制动器款

申请金额（大写）：叁拾捌万陆仟壹佰元整 ¥ 386,100.00

请款理由：支付昆明东方起重设备有限公司液压制动器款

单位负责人：王珊印　　部门负责人：张雨印　　财务负责人：杨林印　　经手人：张天

记账凭证

本币：人民币　单位：元

2016 年 7 月 26 日

核算单位：[001]北京明基设备制造有限公司　　第0076号 - 0001/0001

摘　要	会 计 科 目	借方金额	贷方金额
支付东方起重公司液压制动器款	应付账款　昆明东方起重设备有限公司	386,100.00	
支付东方起重公司液压制动器款	银行存款/建设银行		386,100.00
附单据数　2　张	合计　叁拾捌万陆仟壹佰元整	386,100.00	386,100.00

财务主管：　记账：周磊　复核：马英　出纳：　制单：demo　经办人：

业务 77：支付低压元器件款

2016 年 7 月 26 日，经领导批准，支付众业达（北京）有限公司低压元器件款 76 000.00 元。

中国建设银行 China Construction Bank

电 汇 凭 证　　No256358494

币别：　　2016年 7月26日　　流水号：

汇款方式	☑普通　□加急			
汇款人 全称	北京明基设备制造有限公司	收款人	全称	众业达（北京）有限公司
账号	212015012000053025041		账号	589632541225893
汇出行名称	中国建设银行北京中山支行		汇入行名称	中国建设银行西安路支行
金额	（大写）柒万陆仟元整		亿千百十万千百十元角分	¥7600000
			支付密码	
			附加信息及用途：低压元器件款	
			客户签章	

会计主管　授权　复核　录入

第二联　客户回单

中国建设银行北京中山支行　2016.7.26　转账　转讫

北京明基设备制造有限公司资金申请单

2016 年 7 月 26日　　NO.077

部门：采购部　　申请项目：支付低压元器件款

申请金额（大写）：柒万陆仟元整　¥ 76,000.00

请款理由：支付众业达（北京）有限公司低压元器件款

单位负责人 王珊印珊　部门负责人 张雨齐印　财务负责人 杨林印　经手人 张天

记账凭证

本币：人民币 单位：元

2016 年 7 月 26 日

核算单位：[001]北京明基设备制造有限公司 第0077号 - 0001/0001

摘 要	会 计 科 目	借方金额	贷方金额
支付众业达低压元器件款	应付账款 众业达（北京）有限公司	76,000.00	
支付众业达低压元器件款	银行存款/建设银行		76,000.00
附单据数 2 张	合计 柒万陆仟元整	76,000.00	76,000.00

财务主管： 记账：周磊 复核：马英 出纳： 制单：demo 经办人：

业务 78：支付螺杆式空压机款

2016 年 7 月 26 日，经领导批准，支付北京海权经贸有限公司螺杆式空压机款 345 000. 00 元。

中国建设银行 China Construction Bank

电 汇 凭 证

No256358495

币别：　　2016年 7月26日　　流水号：

汇款方式		☑普通　☐加急			
汇款人	全　称	北京明基设备制造有限公司	收款人	全　称	北京海权经贸有限公司
	账　号	21201501200053025041		账　号	6985412563255488
	汇出行名称	中国建设银行北京中山支行		汇入行名称	中国商业银行北京支行
金额	（大写）叁拾肆万伍仟元整			亿千百十万千百十元角分	¥34500000
			支付密码		
			附加信息及用途：螺杆式空压机款		
					客户签章

会计主管　　授权　　复核　　录入

第二联 客户回单

中国建设银行北京中山支行 2016.7.26 转账 转讫

北京明基设备制造有限公司资金申请单

2016年 7 月 26日　　NO.078

部门：采购部　　申请项目：支付螺杆式空压机款

申请金额（大写）：叁拾肆万伍仟元整　¥ 345,000.00

请款理由：支付北京海权经贸有限公司螺杆式空压机款

单位负责人 王珊印珊　　部门负责人 张雨齐印　　财务负责人 杨林印　　经手人 张天

记账凭证

本币：人民币　单位：元

====================

2016 年 7 月 26 日

核算单位：[001]北京明基设备制造有限公司　　第0078号 - 0001/0001

摘　要	会 计 科 目	借方金额	贷方金额
支付海权经贸空压机款	应付账款　北京海权经贸有限公司	345,000.00	
支付海权经贸空压机款	银行存款/建设银行		345,000.00
附单据数　2　张	合计　叁拾肆万伍仟元整	345,000.00	345,000.00

财务主管：　记账：周磊　复核：马英　出纳：　制单：demo　经办人：

业务 79：支付轴箱体款

2016 年 7 月 27 日，经领导批准，支付辽宁省机械制造有限公司轴箱体款 40 000.00 元。

中国建设银行 China Construction Bank

电汇凭证

No256358496

币别：　　　2016年 7月27日　　　流水号：

汇款方式	☑普通　☐加急				
汇款人	全称	北京明基设备制造有限公司	收款人	全称	辽宁省机械制造有限公司
	账号	21201501200053025041		账号	4523658963321452
	汇出行名称	中国建设银行北京中山支行		汇入行名称	中国工商银行西工路支行
金额	（大写）肆万元整			亿千百十万千百十元角分	¥4000000
			支付密码		
			附加信息及用途：轴箱体款		
					客户签章

第二联　客户回单

（印章：中国建设银行北京中山支行 2016.7.27 转讫）

会计主管　　授权　　复核　　录入

北京明基设备制造有限公司资金申请单

2016 年 7 月 27日　　　NO.079

部门：采购部　　　申请项目：支付轴箱体款

申请金额（大写）：肆万元整　　¥ 40,000.00

请款理由：支付辽宁省机械制造有限公司轴箱体款

单位负责人：（印：王珊印）　部门负责人：（印：张雨齐印）　财务负责人：（印：杨林印）　经手人：张天

记账凭证

本币：人民币　单位：元

2016 年 7 月 27 日

核算单位：[001]北京明基设备制造有限公司　　第0079号 - 0001/0001

摘　　要	会　计　科　目	借方金额	贷方金额
支付辽宁机械轴箱体款	应付账款　辽宁省机械制造有限公司	40,000.00	
支付辽宁机械轴箱体款	银行存款/建设银行		40,000.00
附单据数　2　张	合计　肆万元整	40,000.00	40,000.00

财务主管：　记账：周磊　复核：马英　出纳：　制单：demo　经办人：

业务 80：支付耐热板款

2016 年 7 月 27 日，经领导批准，支付济南铁合金有限公司耐热板款 110 400.00 元。

中国建设银行 China Construction Bank

电汇凭证

No256358497

币别：　　2016年 7月27日　　流水号：

汇款方式	☑普通　☐加急			
汇款人	全称	北京明基设备制造有限公司	收款人	全称：济南铁合金有限公司
	账号	21201501200053025041		账号：5896325412578963
	汇出行名称	中国建设银行北京中山支行		汇入行名称：中国兴业银行济南支行
金额	（大写）壹拾壹万零肆佰元整			¥11040000
				支付密码
				附加信息及用途：耐热板款
				客户签章

会计主管　授权　复核　录入

第二联 客户回单

（印章：中国建设银行北京中山支行 2016.7.27 转讫）

北京明基设备制造有限公司资金申请单

2016 年 7 月 27日　　NO.080

部门：采购部　　申请项目：支付耐热板款

申请金额（大写）：壹拾壹万零肆佰元整　¥ 110,400.00

请款理由：支付济南铁合金有限公司耐热板款

单位负责人：王珊印珊　部门负责人：张雨齐印　财务负责人：杨林印　经手人：张天

记账凭证

本币：人民币　单位：元

2016 年 7 月 27 日

核算单位：[001]北京明基设备制造有限公司　　第0080号 - 0001/0001

摘　要	会 计 科 目	借方金额	贷方金额
支付铁合金公司耐热板款	应付账款　济南铁合金有限公司	110,400.00	
支付铁合金公司耐热板款	银行存款/建设银行		110,400.00
附单据数　2　张	合计　壹拾壹万零肆佰元整	110,400.00	110,400.00

财务主管：　记账：周磊　复核：马英　出纳：　制单：demo　经办人：

业务 81：提取防暑降温费

2016 年 7 月 28 日，经领导批准，公司出纳去银行提取 7 月份防暑降温费 18 000.00 元。

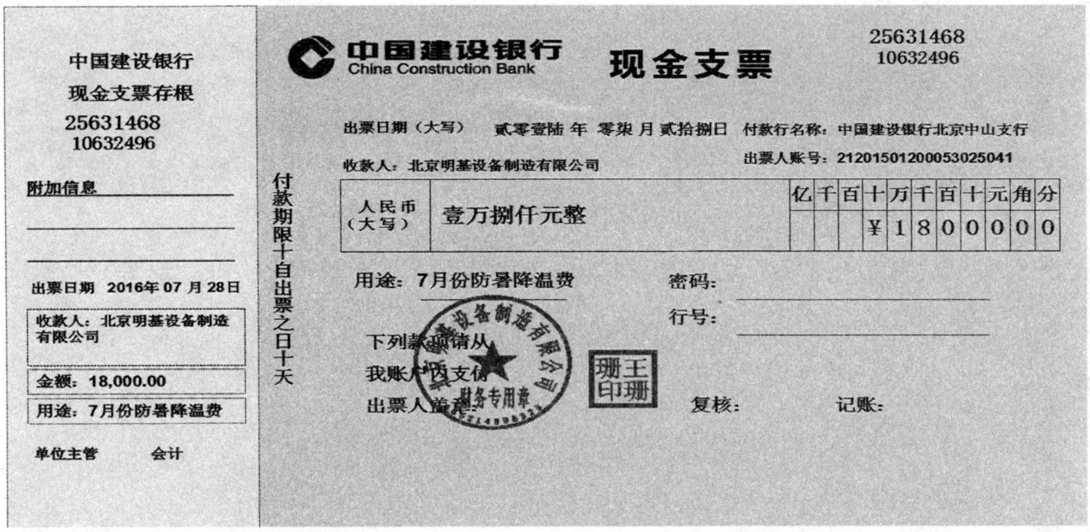

中国建设银行
现金支票存根
25631468
10632496
附加信息
出票日期 2016年 07 月 28日
收款人：北京明基设备制造有限公司
金额：18,000.00
用途：7月份防暑降温费
单位主管　　会计

中国建设银行 China Construction Bank　现金支票　25631468 10632496
出票日期（大写）　贰零壹陆 年 零柒 月 贰拾捌日　付款行名称：中国建设银行北京中山支行
收款人：北京明基设备制造有限公司　出票人账号：21201501200053025041
人民币（大写）　壹万捌仟元整　¥1800000
用途：7月份防暑降温费　密码：　行号：
付款期限十自出票之日十天
下列款项请从我账户内支付　出票人签章
复核：　记账：

记账凭证

本币：人民币　单位：元

2016 年 7 月 28 日

核算单位：[001]北京明基设备制造有限公司　　第0081号 - 0001/0001

摘　要	会　计　科　目	借方金额	贷方金额
提取防暑降温费	库存现金	18,000.00	
提取防暑降温费	银行存款/建设银行		18,000.00
附单据数　1　张	合计　壹万捌仟元整	18,000.00	18,000.00

财务主管：　记账：周磊　复核：马英　出纳：　制单：demo　经办人：

业务 82：发放职工防暑降温费

2016 年 7 月 28 日，经领导批准，发放 7 月份职工防暑降温费 18 000.00 元。

北京明基设备制造有限公司资金申请单

2016 年 7 月 28日　　NO.082

部门：财务部　　申请项目：支付防暑降温费

申请金额（大写）：壹万捌仟元整　　¥ 18,000.00

请款理由：发放7月份职工防暑降温费

单位负责人 王珊印　　部门负责人　　财务负责人 杨林印　　经手人 周磊

职工防暑降温费汇总表			
部门	金额	签字	备注
办公室	3900	李天	
经营部	1800	张晓红	
生产部	4800	胡晓明	
工厂	7500	李娜	
合计	18000		
批准：杨林　审核：张立强　制单：王生			

记账凭证

本币：人民币　单位：元

2016 年 7 月 28 日

核算单位: [001]北京明基设备制造有限公司　　第0082号 - 0001/0002

摘　要	会 计 科 目	借方金额	贷方金额
发放7月份职工防暑降温费	管理费用/职工福利费	3,900.00	
发放7月份职工防暑降温费	销售费用/职工福利费	1,800.00	
发放7月份职工防暑降温费	制造费用/职工福利费	4,800.00	
发放7月份职工防暑降温费	生产成本/电机车/直接人工	5,400.00	
发放7月份职工防暑降温费	生产成本/熄焦车/直接人工	2,100.00	
附单据数　2　张	合计	18,000.00	0.00

财务主管:　记账: 周磊　复核: 马英　出纳:　制单: demo　经办人:

记账凭证

本币：人民币　单位：元

2016 年 7 月 28 日

核算单位: [001]北京明基设备制造有限公司　　第0082号 - 0002/0002

摘　要	会 计 科 目	借方金额	贷方金额
发放7月份职工防暑降温费	库存现金		18,000.00
附单据数　2　张	合计 壹万捌仟元整	18,000.00	18,000.00

财务主管:　记账: 周磊　复核: 马英　出纳:　制单: demo　经办人:

业务 83：支付工厂电费

2016 年 7 月 29 日，经领导批准，支付工厂 7 月份电费 56 245.62 元。

北京增值税专用发票

1100104140　　*NO* 59625713　　1100104140　NO 59625713

开票日期：2016年7月29日

购买方	名　　称：北京明基设备制造有限公司 纳税人识别号：65896325LKJHGYU156 地 址、电 话：北京市海淀区联想桥青云当代大厦4-1 36548963 开户行及账号：中国建设银行北京中山支行21201501200053025041			密码区	6877789*&^*(&%45*&^)(*&*(%(6^^#%#@#$@342vkh%43223216+5456132415?><$#@$#+128$+151#@$@$+177@+1103+1129#@Q$@#R#564816#r3w4165151@#553#$%#5+128&^#$&^3515618651*^%651651&$		
货物或应税劳务、服务名称	规格型号	单位	数量	单价	金额	税率	税额
电费		千瓦时	94261.14	0.51	48,073.18	17%	8,172.44
合　　计					¥48,073.18		¥8,172.44
价税合计（大写）	伍万陆仟贰佰肆拾伍元陆角贰分						¥56,245.62
销售方	名　　称：北京市电业局海淀分局 纳税人识别号：110351896289652 地 址、电 话：北京市海淀区胜利路50号　8667286 开户行及账号：中国建设银行北京市海淀分行　963153021			备注	北京电业局海淀分局 110351896289652 发票专用章		

收款人：李宗旭　　复核：李哲　　开票人：李宗旭　　销售方：（章）

第三联：发票联　购买方记账凭证

中国建设银行
转账支票存根
25631858
10632638

附加信息

出票日期 2016年7月29日

收款人：北京市电业局海淀分局

金额：56,245.62

用途：电费

单位主管　　会计

中国建设银行 China Construction Bank　转账支票

25631858
10632638

出票日期（大写）贰零壹陆 年 零柒 月 贰拾玖 日　付款行名称：中国建设银行北京中山支行

收款人：北京市电业局海淀分局　　出票人账号：21201501200053025041

人民币（大写）	亿	千	百	十	万	千	百	十	元	角	分
伍万陆仟贰佰肆拾伍元陆角贰分				¥	5	6	2	4	5	6	2

付款期限自出票之日十天

用途：电费　　密码：

行号：

下列款项请从
我账户内支付
出票人盖章：　财务专用章　珊王印珊　　复核：　　记账：

北京明基设备制造有限公司资金申请单

2016 年 7 月 29日　　NO.083

部门：财务部　　申请项目：支付电费

申请金额（大写）：伍万陆仟贰佰肆拾伍元陆角贰分　¥ 56,245.62

请款理由：支付工厂7月份电费

单位负责人 珊王印珊　部门负责人 ＿＿＿　财务负责人 印杨林　经手人 周磊

记账凭证

本币：人民币　单位：元

2016 年 7 月 29 日

核算单位：[001]北京明基设备制造有限公司　　第0083号 - 0001/0001

摘　要	会 计 科 目	借方金额	贷方金额
支付工厂电费	制造费用/电费	48,073.18	
支付工厂电费	应交税费/应交增值税/进项税额	8,172.44	
支付工厂电费	银行存款/建设银行		56,245.62
附单据数　3　张	合计 伍万陆仟贰佰肆拾伍元陆角贰分	56,245.62	56,245.62

财务主管：　记账：周磊　复核：马英　出纳：　制单：demo　经办人：

业务 84：报销市内短途运输费

2016 年 7 月 29 日，经领导批准，工厂贾国柱报销市内短途运输费用 3 500.00 元。

北京增值税普通发票

1100104140　　NO 21025879　　1100104140　NO 21025879

开票日期：2016年7月29日

购买方	名　称：北京明基设备制造有限公司 纳税人识别号： 地　址、电　话： 开户行及账号：	密码区	6877789*&^*(&%45*&^)(*&*(%(6^^#%#@#$@342vkh%43223216+5456132415?><$#@$#+128$+151#@$@$+177@+1103+1129#@Q$@#R#564816#r3w4165151@#553#$%#5+128&^#$&^3515618651*^%651651&$

货物或应税劳务、服务名称	规格型号	单位	数量	单价	金额	税率	税额
配送费用		次	1.00	3,153.15	3,153.15	11%	346.85
合　计					¥3,153.15		¥346.85
价税合计（大写）	壹仟伍佰陆拾元整				（小写）		¥3,500.00

销售方	名　称：北京天下物流运输公司 纳税人识别号：452365896325412589 3 地　址、电　话：北京市东城区三环路50号　63258963 开户行及账号：中国工商银行三环支行　12247823261288	备注	

收款人：胡军　　复核：李峰　　开票人：胡军　　销售方：（章）

第二联：发票联　购买方记账凭证

北京明基设备制造有限公司资金申请单

2016 年 7 月 25日　　NO.084

部门：工厂　　申请项目：市内短途运输费

申请金额（大写）：叁仟伍佰元整　　¥ 3,500.00

请款理由：报销贾国柱市内短途运输费用

单位负责人 王珊印　　部门负责人 胡亮印　　财务负责人 杨林印　　经手人 贾国柱

记账凭证

本币：人民币　单位：元

2016 年 7 月 29 日

核算单位：[001]北京明基设备制造有限公司　　第0084号 - 0001/0001

摘　要	会 计 科 目	借方金额	贷方金额
贾国柱报销工厂市内短途运费	制造费用/运输费	3,500.00	
贾国柱报销工厂市内短途运费	库存现金		3,500.00
附单据数　2　张	合计 叁仟伍佰元整	3,500.00	3,500.00

财务主管：　记账：周磊　复核：马英　出纳：　制单：demo　经办人：

业务85：摊销租金

2016年7月29日，摊销租金360 360.36元。

办公楼租金摊销(7月)

单位名称:北京腾飞物业管理公司

名称	总额(元)	摊销期限(月)	已摊销额(元)	月摊销额(元)	本期摊销额(元)	未摊销销(元)
房屋租金	1,081,081.08	12	180,180.18	90,090.09	90,090.09	810,810.81

厂房租金摊销(7月)

单位名称:北京黎明钢结构有限公司

名称	总额(元)	摊销期限(月)	已摊销额(元)	月摊销额(元)	本期摊销额(元)	未摊销销(元)
房屋租金	3,243,243.24	12	540,540.54	270,270.27	270,270.27	2,432,432.43

记账凭证

本币：人民币　单位：元

2016年 7 月 29日

核算单位：[001]北京明基设备制造有限公司　　第0085号 - 0001/0001

摘　要	会 计 科 目	借方金额	贷方金额
摊销租金	管理费用/租赁费	90,090.09	
摊销租金	制造费用/租赁费	270,270.27	
摊销租金	长期待摊费用/租赁费		90,090.09
摊销租金	长期待摊费用/租赁费		270,270.27
附单据数　张	合计 叁拾陆万零叁佰陆拾元叁角陆分	360,360.36	360,360.36

财务主管:　记账: 周磊　复核: 马英　出纳:　制单: demo　经办人:

业务 86：计提固定资产折旧

2016 年 7 月 29 日，计提固定资产折旧 47 621.91 元。

北京明基设备制造有限公司

固定资产折旧表（2016年7月）

编号	名称	使用部门	入帐时间	单位	数量	单价	金额	净残值率	净残值	使用年限（月）	净值	截止上月已计提月份	本月折旧金额	2016年6月 截止上月剩余期数	2016年6月 累计折旧
001	电脑	经营部	2016.05	台	10	3418.80	34188.00	0.05	1709.40	36	32478.60	1	902.18	35	902.18
002	电脑	工厂	2016.05	台	16	3418.80	54700.80	0.05	2735.04	36	51965.76	1	1461.55	35	1,461.55
003	电脑	公司	2016.05	台	14	3418.80	47863.34	0.05	2393.17	36	45470.17	1	1245.01	35	1,245.01
004	复印机	公司	2016.05	台	2	21196.58	42393.16	0.05	2119.66	36	40273.50	1	1118.70	35	1,118.70
005	数控切割机床	工厂	2016.06	台	1	299145.30	299145.30	0.05	14957.27	120	284188.04	0	2368.23	120	
006	50#车床	工厂	2016.06	台	5	170940.17	854700.86	0.05	42735.04	120	811965.82	0	6766.38	120	
007	电焊机	工厂	2016.06	台	10	22222.22	222222.22	0.05	11111.11	60	211111.11	0	3518.52	60	
008	奔驰E260L轿车	公司	2016.06	辆	1	540278.69	540278.69	0.05	27013.93	60	513264.76	0	8554.41	60	
009	办公家具	公司	2016.06	件	1	33769.23	33769.23	0.05	1688.46	36	32080.77	0	891.13	36	
010	数控龙门铣床	工厂	2016.06	台	2	1313418.80	2626837.60	0.05	131341.88	120	2495495.72	0	20795.80	120	
	小计						4756099.20	小计				／	47621.91	／	4,727.44

记账凭证

本币：人民币　单位：元

2016 年 7 月 29 日

核算单位：[001]北京明基设备制造有限公司　　第0086号 - 0001/0001

摘　要	会 计 科 目	借方金额	贷方金额
计提固定资产折旧	销售费用/折旧费	902.18	
计提固定资产折旧	管理费用/折旧费	11,809.25	
计提固定资产折旧	制造费用/折旧费	34,910.48	
计提固定资产折旧	累计折旧		47,621.91
附单据数　1　张	合计　肆万柒仟陆佰贰拾壹元玖角壹分	47,621.91	47,621.91

财务主管：　　记账：周磊　　复核：马英　　出纳：　　制单：demo　　经办人：

业务 87：计提工资费用

2016 年 7 月 31 日，计提工资费用 424 966.07 元。

7月份工资支付汇总表

单位：元

部门	序号	姓名	基本工资	岗位工资	加班费	奖金	其他	应发工资	医疗基数	失业基数	养老单位	医疗单位	失业单位	工伤
办公室		小计	102,202.42	21,300.00	400.00	11,100.00	576.00	135,578.42	32,741.00	31,026.00	5,894.94	2,206.12	465.39	523.85
经营部		小计	13,316.00	11,900.00	0.00	7,200.00	308.00	32,724.00	24,800.00	24,800.00	4,712.00	1,736.00	372.00	396.80
生产部		小计	74,468.00	8,200.00	0.00	3,800.00	396.00	86,864.00	8,245.00	8,245.00	1,566.55	577.15	123.69	131.92
工厂		小计	149,107.65	9,500.00	0.00	4,900.00	6,292.00	169,799.65	14,515.00	14,515.00	2,757.85	1,016.05	217.73	232.24
		合计	339,094.07	50,900.00	400.00	27,000.00	7,572.00	424,966.07	80,301.00	78,586.00	14,931.34	5,535.32	1,178.81	1,284.81

部门	姓名	生育	采暖	单位缴费合计	养老保险	医疗保险	失业保险	补充医保	社保扣款合计	个税	其他	扣款合计	实发金额	签字
办公室	小计	155.13	400.26	9,645.69	2,482.08	620.52	310.26	0.00	3,412.86	6,849.62	0.00	10,262.48	138,607.59	
经营部	小计	124.00	228.72	4,171.63	1,984.00	496.00	248.00	0.00	2,728.00	5,860.05	0.00	8,588.05	118,819.95	
生产部	小计	41.24	171.54	2,612.09	659.60	164.90	82.45	0.00	906.95	1,321.06	0.00	2,228.01	116,667.99	
工厂	小计	72.58	228.72	4,525.17	1,539.22	389.78	192.40	48.00	2,169.40	1,274.72	0.00	3,444.12	26,347.88	
	合计	392.95	1,029.24	20,954.58	6,664.90	1,671.20	833.11	48.00	9,217.21	15,305.45	0.00	24,522.66	400,443.41	

记账凭证

本币：人民币　单位：元

2016 年 7 月 31 日

核算单位：[001]北京明基设备制造有限公司　　第0087号 - 0001/0002

摘　要	会　计　科　目	借方金额	贷方金额
计提工资费用	销售费用/工资	32,724.00	
计提工资费用	管理费用/工资	135,578.42	
计提工资费用	制造费用/工资	86,864.00	
计提工资费用	生产成本/电机车/直接人工	115,879.77	
计提工资费用	生产成本/熄焦车/直接人工	53,919.88	
附单据数　　张	合计	424,966.07	0.00

财务主管：　记账：周磊　复核：马英　出纳：　制单：demo　经办人：

记账凭证

本币：人民币　单位：元

====================

2016 年 7 月 31 日

核算单位：[001]北京明基设备制造有限公司　　第0087号 - 0002/0002

摘　要	会 计 科 目	借方金额	贷方金额
计提工资费用	应付职工薪酬/工资		400,443.41
计提工资费用	其他应收款/职工社会保险费		9,217.21
计提工资费用	应交税费/应交个人所得税		15,305.45
附单据数　张	合计 肆拾贰万肆仟玖佰陆拾陆元零角柒分	424,966.07	424,966.07

财务主管:　记账：周磊　复核：马英　出纳:　制单：demo　经办人:

业务 88：分配制造费用

2016 年 7 月 31 日，分配制造费用 544 739.66 元。

制造费用分配表

2016 年 7 月 31 日　　单位：元

分配对象（产品）	分配标准（工时）	分配率	分配金额
电机车	24,883.83	15	373,257.48
熄焦车	11,432.15	15	171,482.18
合计	36,315.98	15	544,739.66

财务主管：　　制表：

记账凭证

本币：人民币　单位：元

2016 年 7 月 31 日

核算单位：[001]北京明基设备制造有限公司　　第0088号 - 0001/0003

摘　要	会 计 科 目	借方金额	贷方金额
分配制造费用	生产成本/电机车/制造费用	373,257.48	
分配制造费用	生产成本/熄焦车/制造费用	171,482.18	
分配制造费用	制造费用/工资		86,864.00
分配制造费用	制造费用/社会保险费		11,241.39
分配制造费用	制造费用/职工福利费		4,800.00
附单据数　张	合计	544,739.66	102,905.39

财务主管：　记账：周磊　复核：马英　出纳：　制单：demo　经办人：

记账凭证

本币：人民币　单位：元

=====================
2016 年 7 月 31 日

核算单位：[001]北京明基设备制造有限公司　　第0088号 - 0002/0003

摘　要	会 计 科 目	借方金额	贷方金额
分配制造费用	制造费用/电费		48,073.18
分配制造费用	制造费用/办公费		2,458.12
分配制造费用	制造费用/气体费		49,801.71
分配制造费用	制造费用/物料消耗		32,820.51
分配制造费用	制造费用/折旧费		34,910.48
附单据数　　张	合计	544,739.66	270,969.39

财务主管：　记账：周磊　复核：马英　出纳：　制单：demo　经办人：

记账凭证

本币：人民币　单位：元

=====================
2016 年 7 月 31 日

核算单位：[001]北京明基设备制造有限公司　　第0088号 - 0003/0003

摘　要	会 计 科 目	借方金额	贷方金额
分配制造费用	制造费用/租赁费		270,270.27
分配制造费用	制造费用/运输费		3,500.00
附单据数　　张	合计 伍拾肆万肆仟柒佰叁拾玖元陆角陆分	544,739.66	544,739.66

财务主管：　记账：周磊　复核：马英　出纳：　制单：demo　经办人：

业务 89：结转完工产品成本

2016 年 7 月 31 日，结转完工产品成本。

记账凭证

本币：人民币　单位：元

2016 年 7 月 31 日

核算单位：[001]北京明基设备制造有限公司　　　　第0089号 - 0001/0001

摘　要	会 计 科 目	借方金额	贷方金额
结转完工产品成本	库存商品/电机车	5,790,168.18	
结转完工产品成本	生产成本/电机车/直接材料		4,943,555.55
结转完工产品成本	生产成本/电机车/制造费用		695,540.86
结转完工产品成本	生产成本/电机车/直接人工		151,071.77
附单据数　张	合计　伍佰柒拾玖万零壹佰陆拾捌元壹角捌分	5,790,168.18	5,790,168.18

财务主管：　记账：周磊　复核：马英　出纳：　制单：demo　经办人：

业务 90：收到设备提货款

2016 年 7 月 31 日，收到北京中钢设备股份有限公司设备提货款 1 950 000.00 元。

<table>
<tr><td colspan="8">中国建设银行网上银行电子回单</td></tr>
<tr><td>货币</td><td>人民币</td><td>日期：</td><td>2016-7-31</td><td>凭证号</td><td></td><td>交易流水号</td><td></td></tr>
<tr><td rowspan="3">付款人</td><td>全称</td><td colspan="2">北京中钢设备股份有限公司</td><td rowspan="3">收款人</td><td>全称</td><td colspan="2">北京明基设备制造有限公司</td></tr>
<tr><td>账号</td><td colspan="2">65815302</td><td>账号</td><td colspan="2">21201501200053025041</td></tr>
<tr><td>开户行</td><td colspan="2">中国建设银行北京东城区支行</td><td>开户行</td><td colspan="2">中国建设银行北京中山支行</td></tr>
<tr><td>大写金额</td><td colspan="3">壹佰玖拾伍万元整</td><td>小写金额</td><td colspan="3">1,950,000.00</td></tr>
<tr><td>用途</td><td colspan="4">设备提货款</td><td colspan="3" rowspan="4">中国建设银行 电子回单 专用章</td></tr>
<tr><td>钞汇标志</td><td colspan="4">钞户</td></tr>
<tr><td colspan="5">重要提示：电子回单可重复打印，如您已通过银行柜台取得相应纸质回单，请注意核对，勿重复记账。</td></tr>
<tr><td colspan="5">第一次补打</td></tr>
</table>

记账凭证

本币：人民币　单位：元

2016 年 7 月 31 日

核算单位：[001]北京明基设备制造有限公司　　第0090号 - 0001/0001

摘　要	会 计 科 目	借方金额	贷方金额
收到中钢提货款	银行存款/建设银行	1,950,000.00	
收到中钢提货款	预收账款　北京中钢设备股份有限公司		1,950,000.00
附单据数　张	合计　壹佰玖拾伍万元整	1,950,000.00	1,950,000.00

财务主管：　记账：周磊　复核：马英　出纳：　制单：demo　经办人：

业务 91：支付运费预付款

2016 年 7 月 31 日，北京中钢预订的 5 台电机车发往新疆八钢，运费 860 000.00 元，经领导批准，先预付 400 000.00 元。

中国建设银行 China Construction Bank

电 汇 凭 证　　No25635848

币别：　　2016年 7月31日　　流水号：

汇款方式	☑普通　☐加急			
汇款人 全称	北京明基设备制造有限公司	收款人	全称	北京平安运输有限公司
账号	21201501200053025041		账号	632548963254125
汇出行名称	中国建设银行北京中山支行		汇入行名称	中国民生银行平安支行
金额	（大写）肆拾万元整		亿千百十万千百十元角分	￥40000000
			支付密码	
			附加信息及用途	运费预付款
				客户签章

会计主管　　授权　　复核　　录入

第二联　客户回单

（印章：中国建设银行北京中山支行 2016.7.31 转账 转讫）

北京明基设备制造有限公司资金申请单

2016 年 7 月 31日　　NO.091

部门：财务部　　申请项目：支付运费预付款

申请金额（大写）：肆拾万元整　　￥ 400,000.00

请款理由：支付北京中钢发往新疆八钢5台电机车运费

单位负责人：王珊印　　部门负责人：　　财务负责人：杨林印　　经手人：周磊

记账凭证

本币：人民币　单位：元

2016 年 7 月 31 日

核算单位：[001]北京明基设备制造有限公司　　第0091号 - 0001/0001

摘　　要	会　计　科　目	借方金额	贷方金额
预付运费	预付账款　北京平安运输有限公司	400,000.00	
预付运费	银行存款/建设银行		400,000.00
附单据数　2　张	合计　肆拾万元整	400,000.00	400,000.00

财务主管：　记账：周磊　复核：马英　出纳：　制单：demo　经办人：

业务92：销售电机车

2016年7月31日，销售电机车5台。

北京增值税专用发票

1100104140　　NO 12563254　　1100104140　NO 12563254

记账联

开票日期：2016年7月31日

购买方	名　　称：北京中钢设备制造有限公司 纳税人识别号：116351896221630 地址、电话：北京市海淀区创业大厦A座　1107286 开户行及账号：中国建设银行北京海淀分行 65815302			密码区	6877789*&^*(&%45*&^)(*&*(%(6^^#%#@#$@342vkh%43223216+5456132415?><$#@$#+128$+151#@$@$+177@+1103+1129#@Q$@#R#564816#r3w4165151@#553#$%#5+128&^#$&^3515618651*^%651651&$		
货物或应税劳务、服务名称	规格型号	单位	数量	单价	金额	税率	税额
电机车		台	5.00	1,666,666.67	8,333,333.33	17%	1,416,666.67
合　计					¥8,333,333.33		¥ 1,416,666.67
价税合计（大写）	玖佰柒拾伍万元整						¥ 9,750,000.00
销售方	名　　称：北京明基设备制造有限公司 纳税人识别号：65896325LKJHGYUI56 地址、电话：北京市海淀区联想桥青云当代大厦4-1 36548963 开户行及账号：中国建设银行北京中山支行21201501200053025041			备注	北京明基设备制造有限公司 65896325LKJHGYUI56 发票专用章		

第一联：记账联　销售方记账凭证

收款人：王强　　复核：李哲明　　开票人：王强　　销售方：（章）

记账凭证

本币：人民币　单位：元

2016年 7 月 31日

核算单位：[001]北京明基设备制造有限公司　　第0092号 - 0001/0001

摘　要	会 计 科 目	借方金额	贷方金额
销售电机车5台	预收账款　北京中钢设备股份有限公司	9,750,000.00	
销售电机车5台	主营业务收入/电机车		8,333,333.33
销售电机车5台	应交税费/应交增值税/销项税额		1,416,666.67
附单据数　10　张	合计　玖佰柒拾伍万元整	9,750,000.00	9,750,000.00

财务主管：　　记账：周磊　　复核：马英　　出纳：　　制单：demo　　经办人：

业务 93：结转产品销售成本

2016 年 7 月 31 日，结转产品销售成本。

记账凭证

本币：人民币 单位：元

2016 年 7 月 31 日

核算单位：[001]北京明基设备制造有限公司 第0093号 - 0001/0001

摘要	会计科目	借方金额	贷方金额
结转产品销售成本	主营业务成本/电机车	5, 790, 168. 16	
结转产品销售成本	库存商品/电机车		5, 790, 168. 16
附单据数 张	合计 伍佰柒拾玖万零壹佰陆拾捌元壹角陆分	5, 790, 168. 16	5, 790, 168. 16

财务主管： 记账：周磊 复核：马英 出纳： 制单：demo 经办人：

业务 94：结转主营业务收入

2016 年 7 月 31 日，结转主营业务收入 8 333 333.33 元。

记账凭证

本币：人民币　单位：元

2016 年 7 月 31 日

核算单位：[001]北京明基设备制造有限公司　　　　第0094号 - 0001/0001

摘　要	会　计　科　目	借方金额	贷方金额
结转主营业务收入	主营业务收入/电机车	8,333,333.33	
结转主营业务收入	本年利润		8,333,333.33
附单据数　　张	合计 捌佰叁拾叁万叁仟叁佰叁拾叁元叁角叁分	8,333,333.33	8,333,333.33

财务主管：　　记账：周磊　　复核：马英　　出纳：　　制单：demo　　经办人：

业务 95：结转主营业务成本

2016 年 7 月 31 日，结转主营业务成本 5 790 168.16 元。

记账凭证

本币：人民币 单位：元

2016 年 7 月 31 日

核算单位：[001]北京明基设备制造有限公司 第0095号 - 0001/0001

摘 要	会 计 科 目	借方金额	贷方金额
结转主营业务成本	本年利润	5, 790, 168. 16	
结转主营业务成本	主营业务成本/电机车		5, 790, 168. 16
附单据数 张	合计 伍佰柒拾玖万零壹佰陆拾捌元壹角陆分	5, 790, 168. 16	5, 790, 168. 16

财务主管： 记账：周磊 复核：马英 出纳： 制单：demo 经办人：

业务 96：结转销售费用

2016 年 7 月 31 日，结转销售费用 71 499.37 元。

记账凭证

本币：人民币　单位：元

2016 年 7 月 31 日

核算单位：[001]北京明基设备制造有限公司　　第0096号 - 0001/0002

摘　要	会 计 科 目	借方金额	贷方金额
结转销售费用	本年利润	71,499.37	
结转销售费用	销售费用/工资		32,724.00
结转销售费用	销售费用/社会保险费		7,025.87
结转销售费用	销售费用/职工福利费		1,800.00
结转销售费用	销售费用/办公费		2,600.00
附单据数　张	合计	71,499.37	44,149.87

财务主管：　记账：周磊　复核：马英　出纳：　制单：demo　经办人：

记账凭证

本币：人民币　单位：元

2016 年 7 月 31 日

核算单位：[001]北京明基设备制造有限公司　　第0096号 - 0002/0002

摘　要	会 计 科 目	借方金额	贷方金额
结转销售费用	销售费用/差旅费		15,697.32
结转销售费用	销售费用/折旧费		902.18
结转销售费用	销售费用/业务招待费		10,750.00
附单据数　张	合计 柒万壹仟肆佰玖拾玖元叁角柒分	71,499.37	71,499.37

财务主管：　记账：周磊　复核：马英　出纳：　制单：demo　经办人：

业务97：结转管理费用

2016年7月31日，结转管理费用302 081.98元。

记账凭证

本币：人民币 单位：元

2016年 7 月 31 日

核算单位：[001]北京明基设备制造有限公司 第0097号 - 0001/0002

摘 要	会 计 科 目	借方金额	贷方金额
结转管理费用	本年利润	302,081.98	
结转管理费用	管理费用/工资		135,578.42
结转管理费用	管理费用/社会保险费		9,836.22
结转管理费用	管理费用/职工福利费		3,900.00
结转管理费用	管理费用/办公费		48,967.62
附单据数 张	合计	302,081.98	198,282.26

财务主管： 记账：周磊 复核：马英 出纳： 制单：demo 经办人：

记账凭证

本币：人民币 单位：元

2016年 7 月 31 日

核算单位：[001]北京明基设备制造有限公司 第0097号 - 0002/0002

摘 要	会 计 科 目	借方金额	贷方金额
结转管理费用	管理费用/折旧费		11,809.25
结转管理费用	管理费用/租赁费		90,090.09
结转管理费用	管理费用/印花税		1,300.38
结转管理费用	管理费用/车船税		600.00
附单据数 张	合计 叁拾万零贰仟零捌拾壹元玖角捌分	302,081.98	302,081.98

财务主管： 记账：周磊 复核：马英 出纳： 制单：demo 经办人：

业务 98：结转财务费用

2016 年 7 月 31 日，结转财务费用－28 125.00 元。

记账凭证

本币：人民币　单位：元

2016 年 7 月 31 日

核算单位：[001]北京明基设备制造有限公司　　第0098号 - 0001/0001

摘　要	会 计 科 目	借方金额	贷方金额
结转财务费用	本年利润	-28,125.00	
结转财务费用	财务费用/利息收入		-28,125.00
附单据数　张	合计 负贰万捌仟壹佰贰拾伍元整	-28,125.00	-28,125.00

财务主管：　记账：周磊　复核：马英　出纳：　制单：demo　经办人：

Daily Accounting and Taxation

第三篇

企业报表

- 利润表
- 资产负债表

资产负债表

会企 01 表

单位名称：北京明基设备制造有限公司　　2016 年 7 月 31 日　　单位：元

资产	期末余额	年初余额	负债及所有者权益（或股东权益）	期末余额	年初余额
流动资产：			流动负债：		
货币资金	41 742 823.28		短期借款		
交易性金融资产			交易性金融负债		
应收票据			应付票据		
应收账款			应付账款	3 487 128.00	
预付款项	400 000.00		预收款项	1 080 000.00	
应收利息			应收职工薪酬	409 660.62	
应收股利			应交税费	−1 428 186.38	
其他应收款	511 000.00		应付利息		
存货	3 405 423.45		应付股利		
一年内到期的非流动资产			其他应付款		
其他流动资产			一年内到期的非流动负债		
流动资产合计	46 059 246.73		其他流动负债		
非流动资产：			流动负债合计	3 548 602.24	
可供出售金融资产			非流动负债：		
持有至到期投资			长期借款		
长期应收款			应付债券		
长期股权投资			长期应付款		
投资性房地产			专项应付款		
固定资产	5 846 313.95		预计负债		
在建工程			递延所得税负债		
工程物资			其他非流动负债		
固定资产清理			非流动负债合计		
生产性生物资产			负债合计	3 548 602.24	
油气资产			所有者权益（或股东权益）：		
无形资产			实收资本（或股东）	50 000 000.00	
开发支出			资本公积		
商誉			减：库存股		
长期待摊费用	3 243 243.24		盈余公积		
递延所得税资产			未分配利润	1 600 201.68	
其他非流动资产			所有者权益（或股东权益）合计	51 600 201.68	
非流动资产合计	9 089 557.19				
资产总计	55 148 803.92		负债和所有者权益（或股东权益）总计	55 148 803.92	

利润表

会企 02 表

单位名称：北京明基设备制造有限公司　　2016 年 7 月　　单位：元

项目	本期金额	上期金额
一、营业收入	8 333 333.33	8 333 333.33
减：营业成本	5 790 168.16	5 790 168.16
营业税金及附加		
销售费用	71 499.37	103 291.60
管理费用	302 081.98	867 796.89
财务费用	−28 125.00	−28 125.00
资产减值损失		
加：公允价值变动收益（损失以“－”号填列）		
投资收益（损失以“－”号填列）		
其中：对联营企业和合营企业的投资		
二、营业利润（亏损以“－”号填列）	2 197 708.82	1 600 201.68
加：营业外收入		
减：营业外支出		
其中：非流动资产处置损失		
三、利润总额（亏损总额以“－”号填列）	2 197 708.82	1 600 201.68
减：所得税费用		
四、净利润（净亏损以“－”号填列）	2 197 708.82	1 600 201.68
五、每股收益：		
（一）基本每股收益		
（二）稀释每股收益		